RECURSOS HUMANOS
NA ADMINISTRAÇÃO PÚBLICA DIRETA
uma experiência em fazer RH no Governo

Editora Appris Ltda.
1.ª Edição - Copyright© 2025 dos autores
Direitos de Edição Reservados à Editora Appris Ltda.

Nenhuma parte desta obra poderá ser utilizada indevidamente, sem estar de acordo com a Lei nº 9.610/98. Se incorreções forem encontradas, serão de exclusiva responsabilidade de seus organizadores. Foi realizado o Depósito Legal na Fundação Biblioteca Nacional, de acordo com as Leis nos 10.994, de 14/12/2004, e 12.192, de 14/01/2010.

Catalogação na Fonte
Elaborado por: Dayanne Leal Souza
Bibliotecária CRB 9/2162

S164r 2025	Salgado, Léo 　Recursos humanos na administração pública direta: uma experiência em fazer RH no Governo / Léo Salgado. – 1. ed. – Curitiba: Appris, 2025. 　140 p. ; 21 cm. 　Inclui anexos. 　ISBN 978-65-250-6595-3 　1. Gestão de recursos humanos. 2. Administração pública. 3. Governo. I. Salgado, Léo. II. Título. 　　　　　　　　　　　　　　　　　　　　　　　　　CDD – 331.11

Appris editorial

Editora e Livraria Appris Ltda.
Av. Manoel Ribas, 2265 – Mercês
Curitiba/PR – CEP: 80810-002
Tel. (41) 3156 - 4731
www.editoraappris.com.br

Printed in Brazil
Impresso no Brasil

LÉO SALGADO

RECURSOS HUMANOS NA ADMINISTRAÇÃO PÚBLICA DIRETA
uma experiência em fazer RH no Governo

Curitiba, PR
2025

FICHA TÉCNICA

EDITORIAL	Augusto V. de A. Coelho
	Sara C. de Andrade Coelho
COMITÊ EDITORIAL	Marli Caetano
	Andréa Barbosa Gouveia (UFPR)
	Edmeire C. Pereira (UFPR)
	Iraneide da Silva (UFC)
	Jacques de Lima Ferreira (UP)
SUPERVISORA EDITORIAL	Renata C. Lopes
PRODUÇÃO EDITORIAL	Adrielli de Almeida
REVISÃO	Pâmela Isabel Oliveira
DIAGRAMAÇÃO	Amélia Lopes
CAPA	Carlos Pereira
REVISÃO DE PROVA	Bruna Santos

A teoria do DISC apareceu pela primeira vez nos anos 1920, no livro As Emoções das Pessoas Normais, de William Moulton Marston. Esta foi uma das primeiras tentativas de aplicar a psicologia a pessoas comuns, fora do cenário clínico.

Marston desenvolveu a Metodologia DISC como apoio na demonstração das suas ideias sobre as motivações do ser humano. Ao longo de quase 10 anos, percebeu que os estímulos visuais e verbais que as pessoas recebem provocam reações físicas e neurológicas nelas.

Com base nisso, Marston passou a dar estímulos, mensurar reações e agrupar as pessoas com as mesmas características. Em seguida, provocava novos estímulos, novas mensurações e reordenamento em subgrupos.

Ao final dos estudos, identificou os 4 fatores comportamentais mais importantes: **Dominância, Influência, eStabilidade e Conformidade**. E, assim, temos a Metodologia DISC.

Marston também é conhecido pela invenção do polígrafo (detector de mentiras) e pela criação da primeira heroína das histórias em quadrinhos, a Mulher Maravilha.

(Texto extraído do site da e-Talent)

AGRADECIMENTOS

No corpo do livro, faço vários agradecimentos, mas considero muito importante ressaltar todos aqueles que participaram de minhas equipes no correr de todos esses anos e que me acompanharam nesta jornada, fazendo parte da minha equipe no RH.

O meu muito obrigado de coração para: Isabella Mignone, Jessica Lana, Camila Pedreira, Renata, Ana Pricila, Fernanda Antoniani, Andrezza Ventura, Andressa Ferreira, Carolina Vita, Tamiris Mourão (Leguizamon), Larissa Nascimento, Keka Rafael Leticia, Raquel Maciel, Heloisa Paço, Fernanda Silva, Mylena Toti, Bia Moreira, Dayene Bellarmino, Thais Fernandes, Melissa Harris, e a todos aqueles que de alguma forma contribuíram para que essa nova aventura fosse possível.

Agradeço ainda a Deus e a minha família pelo apoio que sempre me proporcionaram.

Importante ainda agradecer àqueles que ajudaram contribuindo para a "Vakinha", que muito ajudou nessa caminhada, em especial ao Hugo Barbagelata, Jorge Matos, Arlene Dias Nunes, Lucia Helena Salgado, Nelson Antunes, Eugenio Machado, Ana Carvalho, Ronaldo Pereira Leal, Maria Margarida de Souza, Valeria Correia Lima Ulmann, Margarida Maria Ferreira Fontan e Sergio Nogueira.

Finalmente agradeço à Interage +rh e à Diferencial, nas pessoas do Alexandre Pinto e Josiane Pimenta, por acreditarem nesse sonho com o patrocínio do livro.

Dedico este livro, em primeiro lugar, a duas pessoas fundamentais para que ele pudesse ter sido escrito: uma é a Manon Guedes, mulher de fibra e de altíssima competência que foi a minha porta de entrada na Sefaz e que me proporcionou conhecer aquele com quem aprendi muito e me incentivou a levar este projeto adiante; o outro é Joaquim Levy, cujos conhecimentos, inteligência, humanidade e profissionalismo descrevo e comento no corpo deste livro.

APRESENTAÇÃO

Logo que lancei meu livro *Motivação no Trabalho*, nem sonhava em um dia trabalhar em nenhum órgão ou repartição de serviço público, mas uma pergunta sempre era feita nas palestras que eu dava para promover o livro: como motivar o serviço público?

Minha resposta sempre foi um pouco vaga, uma vez que, na verdade, eu não tinha a menor ideia do que responder, até porque nunca havia convivido com esse tipo de relação de vínculo.

Antes de discutir mais profundamente o assunto, entendo que é necessário entender que eu não sou partidário da corrente que afirma que "ninguém motiva ninguém", que motivação tem que nascer na própria pessoa.

Eu acredito, sim, que podemos não só estimular a motivação, como criar nas pessoas um sentimento de motivação no exercício de seu trabalho.

Entendo ainda que a motivação não necessita de uma pessoa específica que venha a motivar, ou que dependa de um líder motivador. Não, muitas vezes a motivação nasce pela empresa em que você trabalha, pela alma da empresa que você incorpora e, independentemente do valor do salário, das vantagens, dos benefícios, do reconhecimento pessoal, dão-lhe o combustível necessário para incendiar a sua motivação e fazer você se doar de tal forma e com tanta garra que acaba por se tornar um *case* especial.

PREFÁCIO

É com grande satisfação que apresento *Recursos Humanos na Administração Pública Direta: uma experiência em fazer RH no governo*, de Léo Salgado. Este livro é uma contribuição significativa ao campo da Administração Pública, refletindo a rica experiência de Léo tanto na iniciativa privada quanto, principalmente, em sua notável atuação no setor público.

Léo possui um extenso histórico em grandes empresas privadas, onde adquiriu um profundo conhecimento sobre práticas de gestão de recursos humanos. No entanto, sua maior contribuição e relevância se manifestaram em sua atuação em uma empresa pública, onde enfrentou desafios únicos e complexos. Léo soube conduzir e implantar iniciativas inovadoras com maestria, transformando a gestão de pessoas e promovendo um ambiente de trabalho mais eficiente e humano.

Neste livro, ele nos leva aos bastidores de sua trajetória, compartilhando histórias inspiradoras e as lições aprendidas ao longo do caminho. O leitor encontrará insights valiosos sobre como implementar práticas eficazes de recursos humanos no governo, destacando a importância de valorizar o capital humano como motor de transformação e eficiência no serviço público.

A obra de Léo é um convite à reflexão sobre os desafios e oportunidades da gestão de pessoas na Administração Pública. Ao compartilhar suas experiências, ele não apenas documenta sua trajetória, mas também oferece um guia prático para gestores e profissionais que buscam aprimorar suas práticas em um contexto tão desafiador quanto gratificante.

Espero que este livro inspire todos aqueles que atuam na área de recursos humanos, bem como os gestores públicos, a adotar uma abordagem proativa e inovadora para o desenvolvimento do capital humano em suas organizações.

Paulo Roberto Menezes de Souza

Empreendedor | Mentor

Fundador da "You Can Be Coaching e Gestão Corporativa" em 1992, Coach Executivo, Trainer de Líderes e Formador de Coaches, com experiência como executivo em empresas como Ceras Johnson e Souza Cruz. Pós-graduado em Teologia e Ministério pela Fabat, mestrado em International Management, elo IAE Université Pierre Mendez na França, mestrado em Administração de Empresas pela PUC e Extensão em Excelência em Liderança em Serviços, na Mentors International, na Florida, USA. Autor de diversos livros é professor de MBA de Recursos Humanos na área de Desenvolvimento Pessoal. Casado e com três filhos.

SUMÁRIO

1. COMO TUDO COMEÇOU 17

2. DIAGNÓSTICO INICIAL 22

3. DESPACHOS COLETIVOS OU REUNIÕES? 27

4. ESTRUTURANDO UM RH ESTRATÉGICO 39

5. CONHECENDO MELHOR O BRASIL: A EXPERIÊNCIA GDFAZ 52

6. MUDANDO PARA MELHOR: O DESAFIO DO CHOQUE CULTURAL 59

7. O *BACK OFFICE* DOS CONCURSOS 65

8. CONCURSO FEITO, CANDIDATOS APROVADOS... COMO DEFINIR A LOTAÇÃO DE CADA UM? 79

9. O DESAFIO DE IMPLANTAR AVALIAÇÃO DE DESEMPENHO EM UMA ESTRUTURA "MARTELO E PREGO" 83

10.
A GUERRA DAS CARREIRAS 89

11.
**A INFLUÊNCIA DAS ELEIÇÕES NA ADMINISTRAÇÃO,
OS EXTRAQUADROS E SUA IMPORTÂNCIA PARA FAZER
O TRABALHO QUE NINGUÉM QUER** 98

12.
É POSSÍVEL TRABALHAR MOTIVAÇÃO NO SERVIÇO PÚBLICO? 102

13.
CONCLUSÃO 107

14.
ANEXOS 112

1.
COMO TUDO COMEÇOU

Desde minha saída da Wella, em maio de 2004, que a vida me levou a atuar como consultor. Na verdade, uma semana após fechar meu ciclo naquela ex-empresa alemã, recém-adquirida pela Procter, recebi o convite para conversar com a principal executiva de uma empresa de Plano de Saúde, a Flavia Poppe, da Semig, de uma competência extraordinária, e imediatamente comecei um trabalho de Consultoria que se estendeu por aproximadamente um ano.

No correr desse processo de consultoria, vim a conhecer aquele que se tornou meu sócio, amigo e cofundador do Rhdebates: o saudoso Carlos Henrique Hassellman, ou melhor, o querido CH.

O tempo passou, inúmeros projetos bem-sucedidos de consultoria em Remuneração por Competências aconteceram, inclusive de gestão de RH e desenvolvimento de lideranças, até que o CH cai abatido inexoravelmente pelo câncer, com quem ele duelava há alguns anos.

Exatamente nesse momento, com meu amigo e sócio internado em seus momentos finais, com meu ânimo abatido e desconsolado com a situação vivida por ele e por sua leal companheira Regina, em uma segunda-feira anterior ao carnaval de 2009, toca o meu telefone e do outro lado da linha a minha querida amiga Ana Silvia Matte me informa que havia indicado meu nome para a Manon Guedes (diretora de Administração e Finanças) da Sefaz, que, a mando do secretário de

Fazenda Joaquim Levy, procurava um profissional de Recursos Humanos para ser o coordenador de RH da Secretaria de Estado de Fazenda do Estado do Rio de Janeiro.

Passados uns poucos minutos, recebo efetivamente uma ligação da Manon, com quem converso rapidamente, e envio por e-mail um currículo, marcando uma entrevista com ela para o dia seguinte.

Na terça-feira, pontualmente ao meio-dia, estou na Sefaz conhecendo a Manon, e, após conversar por um tempo com ela, é marcada uma entrevista com o secretário para o dia seguinte, às 10 horas da manhã.

Na quarta-feira, chego à Sefaz, procuro a Manon e logo a acompanho até a sala do secretário, onde conheço os subsecretários Renato Villela (sub geral), Marcelo Santili (sub Finanças) e George Santoro (sub Política Fiscal).

Após conversar com eles por aproximadamente 30 minutos à espera do secretário, que se encontrava no Palácio Guanabara com o governador, tenho a informação de que ele não conseguirá chegar para a entrevista e sou liberado com a orientação de que entrarão em contato para marcar nova data.

Na quinta-feira, por volta das 9h da manhã, recebo uma ligação para estar na Sefaz ao meio-dia, para uma reunião com o secretário Joaquim Levy.

Ressalte-se que nesse dia a cidade estava parada em razão de um acidente com um caminhão da Comlurb no túnel Rebouças, o que me obrigou a inventar um caminho para chegar no horário marcado para a entrevista.

Na entrevista, o secretário me disse que todos os seus *subs* estavam de acordo com a decisão de me contratar e me informa de sua decisão positiva, traçando em conjunto algumas linhas do trabalho a ser desenvolvido na Sefaz e me informa que, como a família dele residia em Washington e ele iria passar o carnaval com eles, eu deveria receber uma ligação para retornar na semana seguinte ao carnaval para receber uma proposta salarial formal.

Qual não é a minha surpresa ao receber ainda na quinta-feira outro telefonema, solicitando minha presença na sexta-feira para uma reunião com o sub geral, Renato Villela, que na presença da Manon efetiva a proposta de trabalho e marcamos meu início para a quinta-feira após o carnaval.

No sábado de carnaval, o meu amigo e sócio descansa em paz e cessa uma agonia e dor que consumia a ele e a todos que dele gostavam e o admiravam.

O momento de dor convivia com o momento de alívio e de esperança em uma nova etapa de vida, e pouco após eu publiquei no blog que o CH mantinha no Rhdebates um artigo que peço a licença de reproduzir neste livro, uma vez que esse momento está ligado intimamente ao início de minha história na Sefaz.

Sábado de Carnaval

Léo Salgado

Enquanto a vida fervilhava nos barracões das escolas de samba, o Cordão da Bola Preta iniciava seu desfile impressionante no Centro do Rio, os turistas chegavam em borbotões, saltando de transatlânticos de luxo, dos aviões de rotas nacionais e internacionais, dos ônibus interestaduais e internacionais e dos 'piratas' de turismo, nós ficamos tristes.

Sábado de Carnaval foi o dia escolhido por Deus para levar o nosso parceiro, sócio e principalmente AMIGO, para perto dele.

Dizem por aí, que havia uma insatisfação muito grande dos anjos, arcanjos, querubins e afins, quanto à política de Cargos & Salários, bem como uma pressão violenta para se adotar um sistema de remuneração estratégica com foco em competências.

Daí, Ele pesquisou e não teve dúvidas de convidar o nosso querido CH para comandar este processo de mudança organizacional, desenvolvendo e implantando uma gestão por competências Lá em cima.

Não foi difícil para o CH aceitar a missão, uma vez que combalido pela luta incessante dos últimos anos, contra um câncer renitente e impiedoso, o nosso guerreiro se encontrava muito cansado, apesar de nunca haver esmorecido em sua luta pela vida.

Assim, calaram-se os tamborins e ecoaram os surdos de marcação, como a única música que nossos corações ouviram na doce partida de nosso amigo.

Contam que sua chegada (Lá em cima) foi precedida de discursos inflamados, banda de música e fogos de artifício, afinal ele iria poder, a partir daquele momento, assessorar a Ele na implantação de uma Gestão por Competência.

Por aqui nós ficamos com uma eterna e dolorosa saudade, mas não podemos deixar a vida parar, nem os sonhos esmorecerem e morrerem.

A Consultoria continua, tocada agora pela sua maior sócia e companheira, Regina. Profissional de Recursos Humanos que sempre foi a 'Consultora do CH' e que agora assume o comando dos projetos em curso e dos que estão nascendo.

O Nosso RHDebates continua cada vez mais forte e adotado pela comunidade de RH do Rio de Janeiro, nosso sonho não pode morrer e nós aqui estaremos lutando para manter a chama acessa, junto com os sócios do projeto e com o trabalho incessante da Lídia e o apoio da Ana Paula e do Rodrigo.

Este espaço do CH também não vai morrer, estamos estudando quem será o responsável por manter este

> Blog no ar (como parte integrante de nosso site), provendo o mercado de notícias sobre a nossa atividade.
>
> Em breve estaremos divulgando o responsável (ou responsáveis) pela continuidade.
>
> Um grande abraço a todos.

Na quinta-feira seguinte ao carnaval, já estava me apresentando a Manon, que havia ficado encarregada de me fazer entender a Fazenda, com todas as suas virtudes, defeitos, peculiaridades, particularidades etc.

Realmente não poderia ter melhor "coach" sobre a Sefaz do que ela; conhecia tudo, todos e mais alguma coisa, tendo se tornado peça vital para que fosse possível realizar um trabalho do qual me orgulho muito, após os mais de 13 anos que lá convivi.

Sentei e conversei particularmente com cada um dos subsecretários, com a diretora da Escola Fazendária, com o consultor geral tributário, com os principais gestores da Sefaz e com o próprio secretário, de forma a poder traçar um diagnóstico inicial que fosse a base de um projeto de trabalho.

2.
DIAGNÓSTICO INICIAL

Em uma primeira e rápida análise, entendi que deveria entrar em uma máquina do tempo e retroagir pelo menos uns 20 anos, uma vez que as coisas estavam muito mais atrasadas do que eu poderia supor.

Na verdade, entendi que o secretário, em seus primeiros anos de atuação, tratou de promover e desenvolver outros assuntos prioritários, antes de começar a se dedicar às pessoas.

O primeiro trabalho foi organizar administrativamente a Secretaria, que na verdade era o resultado da fusão da Secretaria do Tesouro com a Secretaria da Receita.

Assim, organizar o Regulamento, definir as áreas e escopos de atuação, distribuir os colaboradores e arrumar a casa foi a primeira tarefa.

A segunda ação foi a de arrumar o que chamamos os móveis, ou seja, derrubar paredes, divisórias e espaços feudais, liberando espaços e tornando as coisas mais claras e arrumadas (ainda sem grandes investimentos em mobiliário), mas dando uma cara diferente ao ambiente anterior.

Esta segunda ação ocorre simultaneamente à ação de informatizar a Secretaria, que no início da gestão contava com um ou dois computadores pessoais. Nesse ponto é importante ressaltar que em dois anos de gestão todos os servidores já contavam com seu computador (com login e senha para e-mail e programas corporativos).

A terceira ação foi aquela para a qual eu fui contratado, ou seja, tratar das pessoas, implantar e desenvolver um RH estratégico e pronto para atender às principais demandas, fossem elas conhecidas ou não.

Em pouco tempo, deu para entender que existiam algumas prioridades que deveriam ser rapidamente atacadas e trabalhadas, no sentido de que fosse possível fazer o trabalho que entendíamos necessário.

Assim, apresentei ao secretário a seguinte proposta de trabalho:

a. Alterar um projeto em andamento que causava um profundo mal-estar entre os servidores;

b. Identificar Lideranças;

c. Incrementar e profissionalizar os Concursos Sefaz;

d. Aprimoramento da Comunicação Interna;

   i. Trabalhar a autoestima dos servidores;

   ii. Desenvolver os relacionamentos internos;

e. Mudar a imagem do secretário;

f. Trabalhar o estilo gerencial do próprio secretário;

g. Escrever o RH, manualizando e regulamentando;

O primeiro item dizia respeito a um projeto em desenvolvimento pela Consultoria DBM de Consultoria de Carreira, que buscava auxiliar os fiscais daquela época a desenvolverem os rumos de sua carreira após a aposentadoria.

Na verdade, o grande equívoco do projeto era tratar de desenvolvimento de uma carreira que entende que a vida após a aposentadoria não apresenta nenhum tipo de problema, uma vez que a esmagadora maioria iria se aposentar com os critérios de paridade, ou seja, manteriam após a aposentadoria os mesmos direitos e vencimentos daquele que ainda estariam na ativa.

O que vender para eles então, quais os desafios pós-aposentadoria que esperavam por eles?

Ou seja, eles entendiam ser uma heresia tratar desse assunto e entendiam que o que a Secretaria queria era forçar aqueles que já tinham tempo o bastante para se aposentar.

A reação era muito forte e coincidia com a realização dos primeiros concursos para Fiscal de Renda, depois de um hiato de 19 anos sem concurso.

O choque de gerações era violento e a necessidade maior era de pacificar esse choque e ter a possibilidade de conhecer mais profundamente aqueles antigos colaboradores e também os que acabavam de entrar na Fazenda por intermédio de um concurso difícil e complicado.

Assim, vimos no projeto uma maneira de transformar em limonada aquele limão, mostrando ao secretário que a DBM aplicava um teste de traços comportamentais, chamado Disc, que poderia se transformar em um forte aliado na nossa busca por esse maior conhecimento do grupo.

O secretário quis conhecer mais o teste, realizou alguns experimentos diretos com ele, desenhando resultados, e se empolgou com o que viu, transmitindo então em uma reunião com o alto comando da Secretaria sua certeza nos resultados positivos dele e determinando que todos os seus subsecretários se submetessem a ele e incentivassem seus subordinados ao mesmo.

Como o Disc empolga todo aquele que se submete a ele, por tratar-se também de um poderoso instrumento de autoconhecimento pessoal, começamos a submeter todos os fiscais a ele, por convite não obrigatório.

A verdade é que as primeiras turmas sempre eram muito desfalcadas, mas a partir do momento que passamos a dar as devolutivas, as turmas passaram a não ter nenhuma falta, e aqueles que não fizeram quando chamados começaram a pedir para fazer.

O resultado foi um sucesso espetacular, e esse programa foi estendido para os recém-admitidos em concurso das demais carreiras Sefaz. Acredito que chegamos a ter 99% dos servidores testados com seus resultados em um banco de dados singular e muito elucidativo.

O Disc passou a ser um dos fatores que auxiliavam em uma primeira lotação, após a aprovação em concursos públicos para as carreiras da Fazenda, e um diferencial para aprovação de alguns cursos internacionais oferecidos aos servidores.

O segundo aspecto trabalhado foi a de que os concursos públicos não podiam ficar restritos à carreira dos fiscais, tendo em vista o brutal nível de envelhecimento dos servidores da Fazenda.

Ressalte-se que não era privilégio dos fiscais os 19 anos sem concurso.

As demais carreiras da Fazenda ou nunca foram objeto de um concurso público formal, ou aconteceram um ou dois certames ao longo dos anos.

Para solucionar esse problema, o CRH, com o apoio da Manon (que conhecia bem do assunto), começou a desenvolver a expertise dos concursos, tendo realizado de 2010 até 2014 inúmeros certames para as carreiras de Controle Interno, Oficial de Fazenda, Analista em Finanças Públicas e Auditor Fiscal da Receita Estadual, caracterizando uma marca no mercado de certames altamente complexos e difíceis, que exigiam pessoas altamente qualificadas para lograr uma aprovação.

Para ter uma ideia, no concurso de Auditor Fiscal de 2013/14, de um total de mais de 7 mil inscritos, só foram aprovados 24 candidatos. Essa era a nossa marca e a nossa grife!

A comunicação interna era um outro sério problema. As pessoas não se comunicavam entre si e com a Administração, que, por sua vez, não chegava aos servidores. Os sindicatos aproveitavam essa brecha para assumir esse papel, fazendo isso sob a sua ótica.

Identificar lideranças que pudessem ajudar no processo de mudança que buscávamos era muito importante; assim, por meio de entrevistas e indicações, garimpamos 12 possíveis lideranças e aprovamos com o secretário uma imersão deles em turmas mescladas de Desenvolvimento de Lideranças DL, no caso aplicado pelo Inex. O resultado foi excepcional e é comentado até hoje pelos que dele participaram, bem como a mudança em suas vidas.

Além dos problemas detectados, era necessário mudar a própria imagem do secretário, sempre muito atacado pelo Sindicato dos Fazendários, que entendia que tudo que ele fazia era contra eles, com um complexo de perseguição sem tamanho, mas que com certeza envolvia aspectos políticos internos. Era algo que tinha que ser melhorado, trabalhado e valorizado.

Nesse ponto encontrávamos muitas resistências em razão do estilo gerencial dele, que necessitava de um coaching direto e objetivo, que pudesse alterar um pouco seu trato com as pessoas, sem perder o brilhantismo acadêmico e profissional.

Finalmente o último problema era a falta de regras, manuais e regulamentos que orientassem e definissem os caminhos que deveríamos seguir, principalmente em treinamento, capacitação, avaliação de desempenho e progressão de carreira.

3.

DESPACHOS COLETIVOS OU REUNIÕES?

"Fora, Levy! Você não é daqui!"

Desde o início de minha atuação na Sefaz, o secretário entendia que eu precisava ter acesso e saber de tudo que ocorria, até porque para ele era muito importante na sua forma de decidir.

Assim, passei a ser figura constante das reuniões e encontros internos que ocorriam no seu gabinete.

Como o Levy estava morando no Rio de Janeiro, e sua mulher e filhos, em Washington, era muito comum seu expediente estender-se na Sefaz até as 22h ou mais.

Assim, foi importante estabelecer um acerto com ele, segundo o qual, caso ele fosse necessitar de minha presença à noite em alguma reunião ou encontro, sua secretária me avisaria dessa necessidade até as 19h, que seria meu horário normal de saída da Sefaz.

Com o trato feito, seguimos por essa rotina nos anos de 2009 a 2010, ocasião em que ele deixou a Sefaz.

Logo na primeira reunião com seus subsecretários e subordinados diretos, comecei a conhecer um pouco mais do seu perfil.

Ao fim da reunião, ele pediu que eu aguardasse mais um pouco e, após a saída de todos os participantes, questionou-me sobre qual a minha opinião sobre ela.

Lembro-me bem de sua expressão quando lhe falei que aquela reunião tinha sido um ótimo despacho coletivo, uma vez que ele só cobrou como andavam os projetos e determinou novas ações a serem seguidas, ou seja, em nenhum momento houve uma troca de opiniões e/ou espaço para que se discutissem outras formas de atuação além daquelas por ele determinadas.

Não que houvesse falhas ou restrições às suas decisões, sempre muito bem fundamentadas e definidas, e sim pela mínima necessidade de um debate de ideias e a transmissão de um mínimo espaço para outros caminhos e soluções.

Ele imediatamente reconheceu, apesar de tentar explicar com a necessidade de ações rápidas para a recuperação econômica do Estado, a credibilidade do fisco e a necessidade de se reescrever a história tributária do Rio de Janeiro.

Garantiu também fazer o possível para mudar esse perfil, e eu sou testemunha de sua tentativa para tanto, durante os meses seguintes que esteve à frente da Fazenda.

Foram várias outras reuniões em que, ao final delas, a pergunta era a mesma, e conversávamos longos minutos sobre a evolução da postura e da forma de colocar certos assuntos.

Depois, ao conhecer algumas histórias dele do período em que era secretário do Tesouro, inclusive a de dizer para a então ministra Dilma que a reunião com ela era uma Assembleia Geral, compreendo o olhar assustado que fez quando eu disse que suas reuniões eram despachos coletivos.

Acredito que, no decorrer do tempo em que pude conviver com ele, consegui entender muito o seu estilo gerencial eficaz e eficiente, mas que pecava por carregar a reboque uma imagem equivocada.

Na verdade, suas decisões eram tomadas após ouvir a opinião e receber informações de muitos de seus principais assessores, o grande problema é que muitos poucos enxergavam como ele montava esse banco de dados.

A inteligência estratégica do secretário era espetacular. Ele chegava a participar de uma reunião formal e duas ou mais paralelas e menores, captando ideias e informações de todas elas, para no fim tomar uma decisão.

O que para muitos era um certo descaso com a reunião principal era na verdade um sistema de processamento de informações e dados que serviam para a definição da decisão final

Certo é que todas as decisões do secretário eram baseadas em estudos acadêmicos, informações práticas e objetivas e cálculos bem projetados. Assim, a crítica a qualquer uma de suas decisões não sobrevivia após um estudo das razões que o levaram a tomá-las, nem ao resultado que os estudos econômicos indicavam como fruto daquela decisão.

Dono de uma memória privilegiada, de um raciocínio lógico impressionante e de uma mente estratégica ímpar, posso afirmar, sem medo de errar, que trabalhar com ele foi um enorme aprendizado. Depois de tantos anos no mercado, trabalhando com executivos excepcionais, ainda havia espaço para absorver seus ensinamentos sobre tomada de decisão e raciocínio estratégico.

Mas havia um ponto que inicialmente questionei muito, que era o humor do secretário.

Eu achava que era preciso trabalhar o humor dele em certas ocasiões, mas com o correr do tempo e com certas ações e fatos que presenciei, entendi que ele usava esse "péssimo" humor como uma poderosa arma para diminuir resistências e aumentar uma blindagem pessoal.

Por diversas ocasiões, presenciei fatos que me levam a essa conclusão, como o do "Café com o Secretário".

Como já citei, existiam dois problemas bastante críticos na Sefaz prontamente detectados por mim, tão logo iniciei esta jornada.

a. A falta de comunicação interna; e

b. A imagem do Secretário.

A falta de comunicação interna e a maneira como os sindicatos se aproveitavam dela eram impressionantes.

Justo citar que o Sindicato dos Fazendários era quem mais batia nesse assunto, procurando todo dia jogar nas costas do secretário todas as mazelas, culpas e problemas enfrentados por eles desde 1985 (ano da criação das carreiras dos fazendários). Era impressionante.

Na página da internet, nas paredes do prédio da rua da Alfandega, em todo lugar era estampada a frase:

"Fora, Levy! Você não é daqui!"

Era uma covardia total basear uma frustação de anos e anos em uma só pessoa, que tinha uma incrível preocupação com todos os servidores e que optou por primeiro buscar garantias para que todos recebessem suas remunerações no segundo dia útil de todo mês.

Esqueciam como era, como sofriam para receber seus vencimentos em um dia certo e determinado, sem riscos de não os receber.

Esqueciam como eram as condições de trabalho, em ambientes inóspitos, malcuidados, maltratados, com risco de doenças inclusive.

Esqueciam que não tinham material de escritório, computadores e até produtos de higiene básicos em seus locais de trabalho.

Esqueciam que vinham de anos de abandono e perseguições políticas em que só aqueles com bons padrinhos tinham direitos.

Esqueciam que em nenhum momento foi realizado um concurso para trazer para dentro da casa pessoas que pudessem vir ajudar e dividir as tarefas que precisavam ser feitas.

Esqueciam que tinham a imagem desgastada e achincalhada em razão de inúmeros escândalos de corrupção.

A falta de uma comunicação interna mais eficiente ajudava em muito o trabalho de denegrir a imagem do secretário.

O rádio corredor bombava, o jornalzinho do Sindicato fazia a festa, e as pessoas pouco se relacionavam.

As manifestações contra o secretário e os pseudopiquetes eram contantes.

Nesse ponto cabe uma história interessante sobre os piquetes do Sindicato.

Um certo dia, ao chegar à Sefaz, notei que alguma coisa ia acontecer, uma vez que os seguranças e porteiros estavam agitados com apenas meia porta aberta na entrada principal.

Logo me informei que haveria uma manifestação contra o secretário (Fora, Levy! Você não é daqui!). Já podia ver do outro lado da rua o presidente do Sindicato, um deputado que sempre andava como ele e alguns servidores que eu não conhecia (depois soube que eram servidores aposentados).

A manifestação seria o ponto inicial de uma greve aprovada em Assembleia na noite anterior.

Neste dia o secretário estava viajando.

Quando o quórum ficou um pouco maior, o presidente e o deputado vieram em direção à entrada e se dirigiram à recepção pedindo para que fossem anunciados porque queriam falar com o secretário. Nesse momento eu me aproximei deles e disse que o secretário estava viajando e por isso não poderia recebê-los, mas que eles poderiam fazer contato com a Secretaria e pedir para marcar uma reunião.

Desconcertados, pois não sabiam que o secretário não estava na Sefaz entregaram a um representante uma correspondência e saíram para dar uma satisfação aos servidores e aposentados que estavam na rua da Alfândega, retirando-se em seguida.

Nesse momento eu verifiquei que ficaram na rua umas quatro pessoas, já com uma certa idade e procurando uma sombra para se abrigar, segurando um ou dois cartazes. Era o piquete montado pelo Sindicato.

Ao constatar o que era aquele grupo, fui ao encontro e ofereci para que ficassem dentro do prédio em dois pequenos sofás que tínhamos na recepção, abrigados do sol e do calor.

Surpresos e felizes, eles aceitaram e por uma semana lá ficaram exercendo seu papel de piqueteiros de mentira.

Chegavam sempre por volta das 10h, levavam revistas e jornais, saíam para almoçar às 12h. Voltavam às 13h e iam embora às 15h, sem nenhum tipo de ação para impedir a entrada de quem quer que fosse.

Em todo meu tempo em RH, nunca presenciei um piquete igual.

Jornal Interno: por dentro da Fazenda

Essa falta de comunicação interna começou a ser desfeita com a edição de um jornal interno, de responsabilidade da área de Comunicação, no qual eu passei a ter uma coluna de RH e comecei a influir nas matérias a serem desenvolvidas.

Esse jornal passou a ser a contrainformação necessária, dando as notícias do que acontecia na Sefaz, as novidades e depoimentos de colegas deles sobre vários fatos.

Inicialmente foi dado um grande destaque para as obras de reformas das inspetorias e setores da Sefaz, mostrando sempre o antes e o depois, como forma de demonstrar a mudança que vinha sendo operada com relação às condições de trabalho.

Divulgávamos também cursos e treinamentos importantes que haviam ocorrido, notícias sobre o avanço da nossa TI e depoimentos de colegas servidores.

Quase sempre trabalhávamos uma matéria especial, por exemplo dos Estagiários FIA e daqueles que iniciaram sua jornada aqui como FIA e naquele momento a posição ocupada.

Blog do RH

Ao mesmo tempo, eu lancei um blog, acessado pela intranet, no qual os meus posts podiam ser comentados e com isso iniciar uma via de mão dupla com os servidores.

Por meio do blog, promovíamos verdadeiros debates dos mais variados assuntos, colhíamos informações, anseios e dirimíamos dúvidas dos mais variados assuntos relacionados à Sefaz.

Aniversariante do mês

O projeto previu ainda um sistema de aniversariante do mês, através do qual era possível saber na intranet quem fazia aniversário naquele, dia, semana e mês.

O sistema ia mais e, além de diariamente informar os aniversariantes daquele dia, disponibilizava quatro tipos de cartão de aniversário que poderiam ser escolhidos. Os servidores podiam escrever uma dedicatória e enviar para seu colega.

Esse simples sistema incentivou incrivelmente os relacionamentos internos e passou a ser o tema de inúmeras conversas e confraternizações.

Além disso, todos os servidores passaram a receber um cartão de felicitações, no dia de seu aniversário, assinado pelo secretário.

O cartão personalizado do secretário foi um soco no estômago de seus detratores. A surpresa e os depoimentos que colhi foram impressionantes.

Só como exemplo, um certo dia encontrei no almoço um antigo servidor, já aposentado e ocupando ainda uma posição destaque na Sefaz, e logo depois que lhe dei os parabéns ouvi uma frase incrível:

> *"Léo você não pode imaginar como me emocionei hoje! Depois de tantos anos na Sefaz, eu recebi um cartão personalizado do secretário me parabenizando. Isso é inédito. Nunca nenhum outro me deu parabéns no meu aniversário... Era como se eu não existisse para eles."*

Eu relatei esse fato ao secretário, e desse dia em diante ele resolveu adotar uma nova prática: além do cartão que o sistema enviava, ele me pediu para encaminhar diariamente (de um grupo que elaboramos em conjunto) a relação de aniversariantes daquele dia, com o telefone de cada um.

Assim, além do cartão para esses escolhidos, ele telefonava pessoalmente para dar os parabéns pela data.

Esse sistema de comunicação foi um sucesso espetacular, promoveu inúmeras confraternizações e almoços entre colegas que aumentou enormemente o grau de relacionamento interno, além de começar a mudar a imagem do secretário.

As novidades não pararam por aí. Entendi que precisava entrar em uma máquina do tempo e atingir mais forte o emocional das pessoas, aumentando o sentimento de pertencer à Sefaz, e propus ao secretário dois programas de endomarketing de relacionamento interno.

Na verdade, dois velhos programas que no fim sempre dão resultado.

E foi assim que criamos o "Servidor do Mês" e o "Café com Secretário".

Servidor do Mês (Gente que faz a nossa História)

O servidor do mês obedeceu à antiga regra do processo de escolha por indicação, partindo da base do triangulo até o cume.

Assim a chefia imediata indicava a seu superior um servidor, que de todas as suas indicações indicava um, até chegar ao subsecretário daquela área que fazia uma indicação.

Existia um formulário-padrão que questionava de assiduidade e produtividade até serviços relevantes que tinha que ser preenchido, assinado e referendado.

Finalmente chegávamos a uma indicação por cada uma das subsecretarias. Nesse ponto reuníamos todos os *subs* com o secretário e eu, e era escolhido um nome apenas.

Eram três categorias de indicados: servidor efetivo, servidor extraquadro e estagiário FIA (menor aprendiz).

Além destes, eu apresentava ao colegiado de dois a três nomes de antigos servidores, ativos ou inativos (mas que ainda estivessem prestando serviços à Sefaz), com relevantes serviços e dedicação ilibada à Sefaz, e o colegiado escolhia um, que ganhava o prêmio "Gente que faz a nossa História".

Após as escolhas, era marcada uma data e hora, em uma sala de reuniões do secretário. Com a presença do vencedor, sua chefia imediata e seu subsecretário, com todos os outros subsecretários, a diretora do DGAF e outras autoridades da Sefaz, onde o secretário fazia a entrega pessoalmente de um diploma e uma placa de metal gravada.

Após a cerimônia de premiação (superformal), seguia-se um *coffee break* mais descontraído, no qual o secretário fazia questão de ficar até o final.

Tudo era documentado fotograficamente, e o jornal interno dava ampla divulgação do evento.

O resultado foi impressionante, e o diploma e a placa passaram a ser objetos de desejo, tanto quanto o exemplar do jornal interno com a matéria e fotos daquele momento especial.

Café com o Secretário

Este programa revolucionou a administração de pessoas na Sefaz.

Baseado no princípio de trabalhar a imagem, de forma a disseminar uma outra visão do secretário, apresentei a ele a proposta, cético quanto à aprovação dela.

A fórmula era simples e consistia no que já era praticado há algum tempo na iniciativa privada.

O que eu ainda não entendia é que por trás da figura de um secretário de Estado existe uma aura de poder, autoridade, de "sua excelência"; mesmo que você não goste dele, você o respeita e teme.

A adesão do secretário foi imediata e visivelmente empolgante.

Desenhamos então o projeto de uma maneira que fosse dado o máximo de transparência, para que não pairasse no ar um pensamento de ser um programa "chapa branca".

Assim, criamos um espaço na intranet, através do qual, a partir do momento em que divulgávamos a abertura das inscrições para participar do programa, fosse possível a possibilidade de enviar um e-mail formulário com o pedido de inscrição.

As regras eram claras e determinavam que as nove primeiras inscrições seriam convidadas para a edição de cada mês, da mesma forma que, após a divulgação da lista, as restantes seriam deletadas, ou seja, não haveria sobras para o mês seguinte.

A relação de participantes era encaminhada para o secretário com um pequeno *briefing* de cada um deles para sua aprovação final.

Após a aprovação, todos recebiam um e-mail individual, emitido pela Coordenação de Recursos Humanos, efetivando formalmente o convite, informando ainda dia e hora do encontro.

Importante frisar que sempre era um café da manhã.

No dia determinado, era preparado o ambiente.

A sala de trabalho do secretário era preparada, e na sua mesa principal de reuniões de 11 lugares estavam reservados o dele (na cabeceira) e o meu (à esquerda dele).

Os demais lugares também eram marcados com cartões personalizados.

A mesa era preparada com uma toalha especial e todo o serviço de café, com pratos, xícaras, talheres, copos, pães, bolos, biscoitos etc.

Em uma mesa de apoio, eram colocados sucos, iogurtes, água, leite e café.

Toda a decoração e arrumação da mesa era primorosa, demonstrando respeito, carinho e elegância para com aqueles que seriam os convidados do café, tudo sob a firme supervisão da Manon Guedes, incansável e dedicada de forma total ao projeto.

Quando todos os convidados já se encontravam na antessala, eles eram convidados a entrar, recebidos pelo secretário e convidados a se acomodar à mesa.

Era sempre muito especial presenciar esse momento. A admiração de todos ficava estampada em seus rostos, causando transformações a olhos vistos, inclusive naqueles mais críticos, que não tínhamos nenhum medo em aceitar a inscrição.

A Assessoria de Comunicação cuidava das fotos oficiais, e a jornalista se acomodava em uma poltrona de onde acompanhava os primeiros minutos do café, que era o momento em que o secretário se pronunciava saudando a todos e falando umas poucas palavras de agradecimento.

Depois disso, tanta a jornalista quanto o fotografo se retiravam e só permaneciam na sala os nove convidados, eu e o secretário.

Nesse momento, ele se dirigia a um por um dos participantes, pelo nome, perguntando o que fazia (suas principais atividades), quem era seu chefe e como ele o tratava.

Depois de rodar toda a mesa, ele abria a palavra para que eles pudessem se expressar sobre quaisquer necessidades de condições de trabalho e fazer alguma pergunta.

Esse momento já havia mudado qualquer sentimento que não fosse o de agradecer por estar ali, poder conhecer melhor o secretário e transmitir alguma dúvida ou pedido. Ele sempre determinava que eu procurasse uma forma de solucionar o problema, ou, em último caso, de explicar o porquê aquilo não poderia ser feito.

Nunca prometeu nada ou empenhou sua palavra antes de ter total conhecimento do assunto e todos os dados que dessem a ele condição de decidir, e isso sempre ficava muito claro para todos.

Após uma hora, o café era encerrado de forma cordial, e todos saíam satisfeitos e honrados com a possibilidade de ter participado daquele café.

Aí residia a grande diferença entre a iniciativa privada e um órgão governamental do porte de uma Secretaria de Estado.

Essa era a chama que aquecia e incendiava os corações e a alma dos servidores.

Para que se tenha ideia de quem era o secretário nesses encontros, relato agora uma história que muito marcou e que me ensinou a conhecer ainda mais o secretário.

Uma bela manhã, dia de Café com o Secretário, ele chegou à Secretaria ensandecido com uma série de problemas e acontecimentos ocorridos naquele dia.

Estava particularmente irritado e sobrava bronca para todo lado, da secretaria ao primeiro sub que surgiu na frente dele.

Logo ele se deparou com a mesa posta e me perguntou se todos já se encontravam lá. Após verificar informei que, sim, e ele me pediu cinco minutos, solicitando que todos deixassem a sala por instantes.

Exatamente cinco minutos depois, ele ligou para a secretaria e pediu que eu entrasse com os convidados na sala.

Ao entrar o encontrei, como sempre, pronto, sorrindo e recebendo a todos pessoalmente.

Acho que foi o melhor Café com o Secretário que fizemos. Ele estava particularmente genial, simpático, carinhoso, feliz e transmitindo uma confiança impressionante.

A capacidade dele de se dedicar a esses momentos e virar o jogo, mesmo quando tínhamos entre os convidados servidores dos quais temíamos a reação, era impressionante.

Ele conseguia em muito pouco tempo cativar e mudar semblantes belicosos para um olhar de admiração e respeito.

Não é difícil entender como esse programa foi um divisor de águas na secretaria, inclusive porque através dele identificamos um grupo de servidores, com os quais passamos a nos reunir sistematicamente para dar informações e pedir conselhos no que se referia a ações de recursos humanos e pessoal.

Em mais de 40 anos de carreira, eu me orgulho muito do nosso Café com o Secretário.

Claro que o Sindicato odiava o programa, mas não tinha coragem de falar mal dele, uma vez que participar de um café com o secretário passou a ser um objetivo de todos os fazendários, que ouviam extasiados os relatos daqueles que haviam participado.

Com a saída do Joaquim, o programa foi descontinuado, tendo em vista que o sucesso dele era causado pela perfeita sintonia do projeto com o estilo e a empatia do secretário.

4.

ESTRUTURANDO UM RH ESTRATÉGICO

Enquanto íamos atuando no aspecto do endomarketing de relacionamento e de valorização do servidor, começamos a pensar estrategicamente um *Recursos Humanos* moderno e voltado para ações práticas e objetivas.

Em um trabalho de identificação de necessidades, começamos a entender o melhor caminho para preparar as bases desse RH.

Uma das primeiras constatações e verdades é que não se pode pensar em valorização salarial em uma estrutura pública, haja vista todas as conotações de paridade que existem, inclusive entre ativos e inativos.

O custo de uma pequena majoração salarial é enorme e depende de instrumentos legais complexos para que possa ser efetivada, mesmo que estejamos falando em prêmios e adicionais específicos. Ou seja, para trabalhar remuneração seria necessária uma ampla atividade negocial com o sindicato, com o governo e com a Assembleia Legislativa.

Dessa forma optamos por iniciar este trabalho pelo lado do treinamento e da capacitação.

Utilizar o lado educacional como instrumento motivador era um caminho, e entendemos que essa deveria ser nossa via inaugural.

Nessa busca por encontrar esse caminho, surgiu um fato marcante que passou a ser o parâmetro principal parta obter o apoio total do secretário e de sua equipe.

Um certo dia, estava tranquilamente desenhando algumas alternativas quando me chegou uma solicitação de participação em um Congresso de Direito Tributário em Gramado, já pré-aprovado pelo subsecretário da Receita para nada mais do que todos os auditores lotados na Junta de Revisão Fiscal.

Estou falando de uma pré-aprovação para a participação de mais de quinze pessoas para um Congresso em Gramado, com passagens aéreas, inscrição para o Congresso e diárias de pernoite, alimentação e transporte.

Na hora, eu apelidei aquele pedido como uma atividade da "Fiscotur" e liguei para o gabinete solicitando ser recebido pelo secretário, para discutir aquele absurdo, que nunca jamais em tempo algum seria aprovado em uma empresa privada.

O Joaquim me recebeu imediatamente e também achou um absurdo, mas não quis desautorizar o seu subsecretário, aprovando o pedido e me avisando que a partir daquele momento a bola estava comigo, deixando clara a predisposição de aprovar um instrumento legal que normatizasse e regulasse aquele tipo de atividade, impedindo tais acontecimentos.

A parte divertida da história é que todos os que foram para o congresso acabaram reclamando muito do custo final, uma vez que Gramado na tabela de diárias é considerada uma cidade pequena, e os valores das diárias são muito inferiores aos custos de hotel e alimentação efetivamente praticados lá.

Como primeira ação e de forma de estancar a enxurrada de pedidos de cursos, seminários e congressos, foi emitido um aviso a todos os subsecretários definindo uma regra geral, pela qual os pedidos deveriam ser realizados pelas chefias imediatas com justificativas aprovadas pelo subsecretário correspondente, encaminhadas à Coordenação de Recursos Humanos para parecer e finalmente submetidas à aprovação do secretário.

Informamos ainda que não poderia haver mais de dois servidores de cada subsecretaria por evento.

Esse primeiro passo serviria apenas enquanto o assunto não fosse regulamentado por Resolução.

A partir dessa data, começamos a trabalhar no que se tornou a Resolução nº 362, de 2011, que definiu e regulamentou a participação de servidores em cursos, seminários, congressos e afins, naquilo que passamos a chamar de evento com compra de vaga.

A 362 inovou também por introduzir no serviço público do Rio de Janeiro o conhecido LNT (Levantamento de Necessidades de Treinamento) da vida privada.

A partir do LNT, montado através de ações efetivas da equipe da Escola Fazendária e de um grupo de capacitação, com representantes das diversas áreas de Sefaz, é desenvolvido o PAC (Plano Anual de Capacitação), que envolve treinamentos e capacitações levadas a efeito na nossa Escola Fazendária e nos eventos de compra de vagas.

Não tenho dúvidas de que fomos pioneiros na introdução desse tipo de trabalho no setor público e não posso deixar de dar crédito a uma grande parceira nesse período, a Valeria Rezende, que ocupava a diretoria da nossa Escola Fazendária e a ajuda e apoio do então subsecretário-geral, Paulo Tafner, que muito contribuiu na redação final da 362, e do então secretário Renato Villela na aprovação final daquele instrumento.

Uma outra inovação surgiu também de um fato acontecido, ainda na gestão do Joaquim Levy.

Um belo dia, sou chamado à sua sala e lá chegando o encontro na presença de um inspetor da Especializada de Eletricidade e Telecomunicações. Ele me entrega um pedido de curso de duas pessoas para um treinamento em Santa Catarina, em um evento intitulado "Telecomunicações para Auditores Fiscais".

O curso não era barato e, segundo o inspetor, era muito bem-conceituado por inúmeras Secretarias de Fazenda do Brasil.

O secretário pediu para que eu me informasse sobre o curso, e, caso confirmasse, sua excelência que desse continuidade ao pedido para que fosse aprovado.

Ao retornar à minha sala, fiz uma série de ligações para uma rede de RHs que temos nas Fazendas e confirmei a excelência do curso.

Nesse momento pensei no porquê não inverter a demanda e trazer o curso para o Rio e assim poder disponibilizá-lo para mais Auditores.

Liguei então para a empresa que assinava o *folder* e verifiquei que era plenamente possível e que o custo per capita cairia absurdamente.

Voltei ao secretário e expus a minha ideia, prontamente aceita por ele, que imediatamente ligou para o inspetor e definiu colocar toda a Inspetoria no treinamento e a inclusão de mais alguns nomes que ele estava indicando.

A partir daí, começou a minha *"via crucis"* de implantar a ideia de um curso no sistema *"in company"* no ambiente do serviço público.

Juntando uma série de depoimentos de outras Sefaz e com a argumentação do alto grau de expertise e notório conhecimento do instrutor, conseguimos trazer o curso, realizando-o em nossas dependências, fora do horário de trabalho (outra vitória apenas alcançada naquele momento por ser um curso desejado e cobiçado).

O sucesso foi total, e o programa chegou a se repetir em outras ocasiões, bem como aumentou com a introdução de um novo curso chamado de "Eletricidade para Auditores Fiscais".

Outro exemplo importante foi o "Projeto Minerva", que se tratava de um curso de especialização em Administração Pública na Universidade de Washington e que era restrito a auditores fiscais. Enviávamos dois por ano, mas tinham que passar por uma entrevista por Skype em inglês com o diretor do curso. O projeto era sensacional, mas restrito a auditores fiscais, e isso causava um profundo mal-estar nas outras carreiras.

Conseguimos abrir a possibilidade para as outras carreiras, e todos os indicados (pelos subsecretários) eram entrevistados pelo RH.

Aplicávamos um Disc e apresentávamos ao secretário os resultados. Em uma reunião do alta cúpula, eram selecionados de quatro a seis para a entrevista em inglês, e o resultado final era de responsabilidade do diretor do curso.

Na verdade, desde aquela época todas as oportunidades de cursos no exterior eram abertas a todas as carreiras e a escolha por meritocracia.

Um outro aspecto que demandava uma necessidade imperiosa de ação era a regulamentação e operacionalização do chamado Adicional de Qualificação, que objetivava um *plus* financeiro na remuneração daqueles que investissem na sua qualificação profissional.

O chamado AQ atende às carreiras da fazenda, exceto a de Auditor Fiscal, e corresponde a uma contraprestação pecuniária para aqueles que tenham curso superior (quando em uma carreira de nível médio) ou cursos de especialização, mestrado e doutorado (quando em carreiras de curso superior).

A grande dificuldade dessa implantação foi a grande carga de processos a serem analisados em muito pouco tempo, logo após a publicação dos diplomas legais que instituíram o benefício.

Em processo de mutirão, a primeira comissão de AQ, formada pelo coordenador de Recursos Humanos, um representante da Assejur e um representante da Coad, debruçou-se sobre centenas de processos de forma a analisar um a um o direito a percepção. Foi um trabalho insano, até porque existe uma relação de cursos aptos e uma pequena margem de interpretação em outros casos, mas o início do pagamento do AQ marcou época e passou a ser um incentivo ao aprimoramento profissional (mesmo que por autopatrocínio) de diversos servidores.

Também importante dedicar os agradecimentos à parceria da Suzete Miranda, da Coad, e da Lavinia Schittini e do Luiz Alexandre Primo, da Assejur, pela parceria e colaboração, e da Ana Pricila Nascimento, que me assessorava incansavelmente naquela época.

Ocorreram muitos casos pitorescos, como pedidos de AQ em razão de doutorado em música e solfejo musical, mestrado em Ortodentia, em Ciências Militares e em Navais, entre outros.

O mais surreal era ter que explicar o porquê da recusa e muitas vezes receber um recurso contra o indeferimento.

Hoje o sistema gira completamente aparado de arestas, com um número expressivo de cursos autopatrocinados.

Importante se faz entender a lógica da estruturação do RH proposto para a Sefaz.

A seguir, apresento o primeiro organograma proposto e suas principais atividades e responsabilidades. Esse desenho evoluiu, mas vamos tratar dele mais à frente.

Organograma

```
                COORDENAÇÃO DE RECURSOS
              HUMANOS E GESTÃO DE TALENTOS
              ┌──────────┼──────────┐
    Divisão de         Divisão de         Divisão de
   Planejamento      Planejamento e      Motivação e
  e Desenvolvimento  Desenvolvimento    Comunicação
    de Talentos      de Competências      Interna
```

A divisão de Planejamento e Desenvolvimento de Talentos era a responsável pelo planejamento do quadro de pessoal necessário, sua captação no mercado de trabalho e mapeamento dos talentos, na formação de um banco de talentos Sefaz.

Através das ações dessa divisão, desenvolvemos o nosso primeiro concurso para Oficial de Fazenda (atuais Analistas de Fazenda), com uma injeção de novos servidores para atuar não só nas atividades da Receita, como também das outras áreas fazendárias, como Subsecretarias de Finanças, de Política Fiscal, sub geral, Coordenação de Administração e Finanças e Coordenação de Recursos Humanos.

Implantamos ainda a testagem de todos os novos servidores do perfil Disc, através de contrato com a empresa e-Talent, bem como de todos os nossos auditores fiscais (antigos e novos), dotando a CRH de um material excepcional para auxiliar a administração em lotações e designações, além do maior conhecimento de seu público demandante.

Forte atuação na política de estágios, migrando de um sistema que privilegiava o de cursos superiores em faculdades de primeira linha, para um sistema híbrido que passou a também focar as escolas técnicas, mais especificamente a Cefet e a Faetec, na captação de uma equipe de estagiários que fazem a diferença nas atividades fazendárias de hoje.

Absorção do Serviço Social, com as responsabilidades de captar e gerir o programa menor aprendiz da FIA, cuidando e gerenciando suas atividades de seleção, aconselhamento e acompanhamento.

Desde a implantação da CRH, foram realizados mais de 12 concursos públicos, para as áreas dos Fazendários, do Controle Interno, de Finanças Públicas e de auditores fiscais, desde a preparação do termo de referência, passando pelo estudo técnico da necessidade, elaboração do edital, escolha e negociação com a organizadora, acompanhando todas as fases do certame até a sua realização e divulgação de resultados, homologação e nomeação dos aprovados.

A Divisão de Planejamento e Desenvolvimento de Competências tinha sua atuação mais focada na questão da capacitação e treinamento, com forte atuação em conjunto com a Escola Fazendária, no preparo e desenvolvimento dos treinamentos introdutórios para os novos servidores.

Cuidava ainda da função de pensar e escrever os diplomas legais que serviam para regular o sistema de capacitação da Fazenda, inclusive no que diz respeito ao desenvolvimento do nosso sistema de Instrutoria Interna, que será alvo de um outro momento deste livro.

Finalmente a Divisão de Motivação e Comunicação Interna é a área que tinha como principal objetivo aprimorar a comunicação com o servidor e entre os servidores e desenvolver os projetos motivacionais que ajudaram em muito a nossa jornada fazendária.

Apesar de já ter citado e discorrido sobre vários desses programas de relacionamento e de motivação, acredito que listá-los e apresentar pequenas descrições pode ser muito útil para se entender um pouco mais a lógica estratégica deles.

Programas de relacionamento:

a. Servidor do mês;

b. Gente que faz a nossa história;

c. Aniversariante do dia;

d. Blog do RH;

e. Café com o Secretário;

f. Jornal Interno;

g. E-mail de endomarketing.

Programas motivacionais:

a. Clube de Vantagens;

b. Sefaz Cultural;

c. Sefaz Mulher;

d. Sefaz Saúde.

Programas de Cidadania

a. Salve uma vida (Campanha de doação de sangue);

b. Campanha de doação de brinquedos (Dia das Crianças e Natal);

c. Campanha de doação de agasalhos (inverno);

d. Campanhas pontuais (ajuda a desabrigados por enchentes etc.).

E-mail de endomarketing

Quanto aos programas de relacionamento, já expliquei a razão e forma de todos eles, menos o que chamo de e-mail de endomarketing, que na verdade é um sistema de e-mail que a Informática liberava para todos os servidores e que transmitia de forma instantânea aquilo que desejamos disseminar.

Apelidado de Informativo CRH, ele servia para os mais diversos propósitos, que vão desde um aviso sobre um novo procedimento até o resultado de um sorteio interno.

É, sem sombra de dúvidas, um sistema de comunicação instantâneo poderoso.

Agora vamos falar um pouco dos programas motivacionais e dos de cidadania.

Clube de Vantagens

Desde de que comecei a trabalhar na Sefaz, preocupava-me a falta de benefícios normais em empresas, como um ticket-refeição.

Para tentar minimizar e dar algum ganho financeiro para todos, comecei a percorrer os restaurantes no entorno da Sefaz, naquela época próximos à rua da Alfândega com Quitanda.

Não foi difícil conseguir a adesão de pelo menos meia dúzia de restaurantes que aceitaram dar descontos promocionais em média de 10% (dez por cento) do valor da refeição para os nossos servidores, desde que se identificassem.

Lembro bem que os primeiros a aderir, *Pilograma*, *Trapiche Rosario* e *Beterraba*, logo viram sua clientela aumentar, e isso nos possibilitou crescer nossa rede de descontos.

No barato, em uma refeição de R$ 15,00 (quinze reais) correspondia um desconto de R$ 1,50 (um real e cinquenta centavos), que ao final de um mês alcançava R$ 33,00 (trinta e três reais).

Não era muito, mas correspondia ao almoço de pelo menos dois dias por mês.

Logo que soubemos faltar menos de um mês para começar nossa mudança para o novo prédio da Av. Presidente Vargas, passei a ter um excelente argumento de venda de nosso clube de vantagens, que era a chegada iminente de aproximadamente 1.500 servidores diários consumindo no entorno do novo prédio.

Eu mesmo e minhas meninas do Serviço Social começamos a garimpar convênios, inicialmente com restaurantes e depois com os mais variados tipos de comércio e serviço da região.

Lembro-me bem de que o primeiro restaurante a entrar no sistema foi o *Manjericão*, que passou a ser, até o seu término, um dos mais procurados pelos servidores.

Nossa rede englobava restaurantes dos mais variados tipos, papelaria, academia de ginástica, centros de estética, lojas de doces e chocolates, academias de dança, estúdios de pilates, comércio de especiarias, lanchonetes, corretores de seguro, cursos técnicos, preparatórios para concursos, universidades etc., transformando-se verdadeiramente em um clube de vantagens que fazia a diferença.

Sefaz Cultural

O Sefaz Cultural também foi um diferencial que ajudava trabalhar a cultura do servidor e reduzir seu custo de lazer e divertimento.

Sem dúvida sua inspiração foi a Manon Guedes, que quando ocupava a Chefia de Gabinete começou a notar que era comum chegarem convites para eventos culturais (shows, teatros etc.) dos mais variados tipos, que no fim eram dados a alguns escolhidos.

Ela me chamou um dia e teve a ideia de desenvolvermos uma forma de sortear entre os servidores esses ingressos, possibilitando assim a democratização da oportunidade.

Mensalmente ela recebia uma quantidade de ingressos da Secretaria de Cultura e do Theatro Municipal, nos passava, e nós divulgávamos e sorteávamos entre os interessados.

O sistema evoluiu, e ao mesmo tempo os ingressos na Secretaria de Cultura começaram a rarear (principalmente depois da saída da Manon), mas a parceria com o Theatro Municipal cresceu e passamos a fazer parte do que eles chamam de grupo dos formadores de plateia.

Eles adoravam as plateias que a Sefaz encaminhava, uma vez que o índice de absenteísmo é baixíssimo, as pessoas se produzem para ir ao Municipal e são extremamente educadas e gentis com todos.

O sistema de sorteio também evoluiu e foi desenvolvido um sistema de sorteio por Excel, que era ágil e preciso, gerando as relações de portaria, e a divulgação interna é toda por e-mail de endomarketing.

As surpresas foram supergratificantes. Lembro-me claramente de uma servidora, muito nova de idade, que ganhou um sorteio para uma ópera (sempre sorteamos um par de ingressos) e ela chamou o pai para ir (porque ele gostava de ópera).

Ela foi muito mais para acompanhar o pai do que para ver o espetáculo.

Na segunda-feira, ela me procurou, visivelmente emocionada, dizendo-me que queria ir a todas daquele dia em diante. Ela havia adorado e se emocionado tanto que chegou a chorar durante o espetáculo.

Com certeza, caso não existisse o Sefaz Cultural, ela nunca iria saber desse seu gosto e sentir a emoção daquele dia, em que o pai dela se emocionou mais ainda ao ver a reação de sua filha.

Simplesmente espetacular.

Sefaz Mulher

Com um público eminentemente feminino, idealizamos e desenvolvemos o que chamamos de Sefaz Mulher.

Tratava-se de um evento voltado exclusivamente para nosso público feminino, no qual, durante um dia inteiro, através de parcerias, oferecíamos atividades voltadas às mulheres, realizadas com hora marcada, de forma a intervir minimamente no dia de trabalho delas.

De uma forma geral, as atividades oferecidas eram aulas de automaquiagem com aplicação de produtos próprios, hidratação facial, massagem relaxante, shiatsu, nutricionista funcional etc., com sorteio de brindes ao final do evento para aquelas que participaram de alguma atividade. O evento acontecia sempre no final de março de cada ano.

O Sefaz Mulher também oferecia no decorrer do ano palestras voltadas à saúde da mulher, como a palestra sobre a "endometriose", que já foi ministrada pelo Dr. Claudio Crispi e pelo Dr. Claudio Moura, duas autoridades no assunto.

Sefaz Saúde

O Sefaz Saúde também foi um evento que realizávamos no espaço do servidor, no sistema de reserva de hora, no qual trazíamos especialistas em saúde para ministrar minipalestras, que chamávamos de mesas.

Geralmente eram formadas e oferecidas as seguintes opções de mesas: de nutricionistas, dental, fisioterapeutas, educadores físicos, além da cadeira de shiatsu e atividades de ginástica laboral.

Programas de Cidadania

Os programas de cidadania tinham por objetivo abrir o horizonte do exercício pleno da cidadania, provocando um olhar ao próximo e em favor do próximo.

Com certeza se traduzia em uma série de ações que demandam tempo para adesão total, ou pelo menos mais maciça, dos servidores.

Doação de Sangue

Ao notar que existia na Sefaz um bom número de doadores de sangue, entendemos que o melhor caminho para implementar os programas de cidadania era iniciar por algo que já era muito natural para um bom número deles.

Assim fizemos quando fechamos um acordo com o Hemorio e patrocinamos a 1ª Campanha Interna de Doação de Sangue Sefaz, estabelecendo uma meta de 300 bolsas.

O programa se mostrou um sucesso desde o seu início e passamos a executá-lo duas vezes por ano, com excelentes resultados e acompanhando casos de pessoas que nunca haviam doado sangue anteriormente e passaram a ser doadores de carteirinha.

Campanha de doação de brinquedos (Dia das Crianças e Natal);

Campanha de doação de agasalhos (inverno);

Campanhas pontuais (ajuda a desabrigados por enchentes etc.)

Essas campanhas começam muito insipientes. Na verdade, é muito difícil incutir nas pessoas o hábito de se doar, com algum custo material, mas com certeza o seu exercício constante desenvolveu esse hábito e exercício de cidadania.

Sempre me lembro e conto a todos a história da campanha de doação de alimentos que iniciei na Wella quando lá trabalhava.

O programa era espetacular. Para cada quilo de alimento que os funcionários doavam, a empresa doava 2 quilos.

Apesar de todos os nossos esforços, no primeiro ano arrecadamos 15 quilos.

Todos ficaram arrasados e tristes.

Eu juntei meu grupo e falei: "Calma, gente! Temos que perseverar. As pessoas ainda vão ter que aprender a se doar e ver como é bom."

No segundo ano, arrecadamos 200 quilos, mas não desistimos.

No terceiro ano, conseguimos alcançar 3 toneladas.

5.

CONHECENDO MELHOR O BRASIL: A EXPERIÊNCIA GDFAZ

Após meu ingresso na Sefaz, soube a existência de um grupo chamado Grupo de Desenvolvimento dos Servidores Fazendários (GDFAZ).

O GDFAZ foi criado em 1996, a partir de um convênio entre o Ministério da Fazenda e as Secretarias da Fazenda dos estados, tendo como meta aprimorar e fortalecer o papel estratégico da gestão de pessoas nas Unidades da Federação.

Ele se reúne três vezes ao ano com a finalidade de socializar experiências, discutir tendências na área de gestão de pessoas, buscando soluções comuns, funcionando como uma espécie de consultoria nessa área, focada no segmento fazendário.

As reuniões ocorrem nas Unidades da Federação que se candidatam todo final do ano para tanto e são escolhidas na última reunião anual pelos seus membros.

O objetivo geral é aprimorar e fortalecer o papel estratégico da gestão de pessoas das Administrações Fazendárias, por meio do intercâmbio e socialização de experiências e produtos entre os estados.

Os membros do GDFAZ são geralmente os responsáveis pelas áreas de Recursos Humanos e/ou das Escolas Fazendárias das Sefaz do Brasil.

Conceitualmente, o GDFAZ tem a seguinte missão, visão e valores, bem como um objetivo geral:

- MISSÃO: Fortalecer e aprimorar a gestão de pessoas das Administrações Fazendárias;

- VISÃO: Ser reconhecido como grupo de excelência na sua área de atuação;

- VALORES: Transparência, integração, comprometimento, respeito, objetividade, cooperação, efetividade, inovação, ética, proatividade e afetividade;

- OBJETIVO GERAL: Proporcionar o intercâmbio de experiências, soluções e sistemas relacionados a Gestão de Pessoas.

O GDFAZ é um grupo temático ligado ao Conselho Nacional de Política Fazendária (Confaz) e é gerido por um grupo gestor, assim composto: um coordenador-geral, um coordenador-geral adjunto, um secretário executivo e líderes dos produtos / subgrupos.

O coordenador-geral, seu adjunto e o secretário executivo são eleitos pelos demais membros em votação simples e aberta.

Existem ainda os chamados subgrupos que trabalham especificamente em alguns produtos, tais como: Indicadores de Gestão de Pessoas, Garimpo de Soluções, Educação a Distância, GDFAZ Virtual (Site e Comunidade Virtual do GDFAZ), Registros do GDFAZ, Matriz de Competências e Trilhas de Capacitação.

Após conhecer no papel como era o grupo e sua composição, fui então conhecer na prática seu funcionamento através de uma de suas reuniões, na cidade de Curitiba.

Cheguei a Curitiba na véspera do início da reunião, dirigi-me ao hotel definido e, após acordar no dia seguinte, ao chegar ao café da manhã do hotel, já comecei a sentir um ambiente diferente. As pessoas se cumprimentavam efusivamente, conversavam e se confraternizavam de uma maneira muito amigável.

Logo me apresentei a alguns e, ao chegar à condução que nos levaria à sede da escola fazendária do Paraná, pude notar que realmente parecia um clima muito familiar.

Fui muito bem recebido por todos, e a reunião se iniciou com uma apresentação dos novos participantes e suas expectativas.

Não tenho dúvidas de afirmar que foi paixão à primeira vista. A cumplicidade, carinho e amizade que emanavam no grupo eram algo incontestável, e o mais impressionante é que até hoje, mesmo com as mudanças que acontecem (dos representantes), seja por uma mobilidade interna das secretarias, seja pela troca de governo, não se consegue dissipar o clima familiar desse grupo.

Com certeza são dois a três dias a cada reunião que se trabalha e muito, mas também nos divertimos e vivemos a magia de um encontro de amigos, que tem um objetivo comum: dotar a sua secretaria das melhores práticas de gestão de pessoas que podemos oferecer.

As trocas são muito fortes e gratificantes. O sistema chamado garimpo de soluções é uma impressionante ferramenta de pesquisa e a boa vontade, e o espírito desarmado das pessoas é incomparável.

Já eram 19 anos de atuação e mais de 50 reuniões realizadas ao longo desse tempo, cruzando o Brasil de norte a sul, de leste a oeste, sempre dando o máximo de seu suor e inspiração pelo bem das pessoas.

Histórias do GDFAZ são muitas e bem especiais, mas a memória com certeza irá me trair, razão pela qual, apesar de me considerar um contador de histórias, peço desculpas a todos aqueles que por uma razão ou outra, ou até e principalmente sem nenhuma razão, eu não citar, mas vou me atrever a tentar contar algumas neste livro.

Inicialmente algumas palavras ficam, alguns apelidos se ressaltam e algumas observações se impõem. Ao falar do Tocha, do Boto, das declamações poéticas, da Coca-Cola etc., muitas lembranças me vêm à memória e impõem que eu dedique um capítulo inteiro ao meu querido GDFAZ.

Como já disse, minha primeira vez foi em Curitiba, por ocasião da 42ª reunião do grupo, nos dias 11 e 12 de novembro de 2011.

Nessa reunião estavam presentes representantes de 17 estados da federação, perfazendo 28 participantes, mais dois representantes da Escola de Administração Fazendária do Governo Federal (Esaf).

Lá conheci e me apaixonei pela nossa facilitadora — a doce, porém enérgica, Margarida — e pelos colegas: Margarida Maria F. Fontan (a Magal), de Alagoas; Luiz Roberto S. Ferreira e Sandra Silva Costa da Bahia; Arledo Gomes e Silva do Ceará; Janice dos Santos Martins, do Distrito Federal; Francisco Costa Andrade e Maria da Penha Zanoni Brito, do Espírito Santo; Desiree Gabrielka Thon e Maria Lucia de Moraes Carvalho, de Goiás; Kiola Maria Rocha Oliveira de Moraes Rego, do Maranhão; Rosangela Coimbra Brasil Amaral, de Minas Gerais; Ana Cristina Gomes da Silva, do Pará; Ana Maria Prado, da Paraíba; Carlos Dell´Agnelo, Hilda Schlumperger e Sueli do Rocio Rano Fernandes da Silva, do Paraná; Margarete Rocha Cunha, de Pernambuco; Antonio Carlos Moreira Correa Jr., do Rio Grande do Sul; Lourdes Alves e Renato Dias Marques de Lacerda, de Santa Catarina; Gracieli Gequelin e Ronald Eduard Kumse, de São Paulo.

Após essa reunião, eu consegui comparecer a inúmeras outras (são três reuniões anuais), com mudanças nas representações, entradas e saídas, através das quais passamos a conhecer outras pessoas, também superespeciais e queridas, como a Vera, do Tocantins; a Socorro e a Cintia, do Amazonas; a Denise, de Alagoas; o Cezarino, do Mato Grosso; a Cristina, do Rio Grande do Norte; a Naná e a Sandra, do Pará; a Glace e a Lucimar, de Goiás; o Antonio Carlos, o Alexandre e o Milton, do Rio Grande do Sul; o Pedro, de Santa Catarina; a Marilia e o João Carlos, de Pernambuco; a Juraci, do Piauí; o Kemuel, de Alagoas; o Nicandro, de Rondônia; o Luiz Antonio, do Espírito Santo (companheiro de Coca-Cola); e muitos outros que, independentemente do tempo de permanência no grupo, sempre aderiram ao espírito de família, que é o segredo do sucesso.

Importante ainda dizer que eu tive o prazer de sediar a 46ª reunião, no Rio de Janeiro, nos dias 18, 19 e 20 de abril de 2012, reunindo representantes de 18 estados da federação.

As reuniões do GDFAZ sempre são de muito trabalho, com uma carga horaria forte durante os dois dias de reunião, geralmente de nove horas de atividades (trabalhos em grupo, palestras e debates de temas de interesse comum, definidos pelo próprio grupo na reunião anterior).

Na véspera do primeiro dia de reunião, o chamado grupo gestor se reúne para planejar, organizar e definir a agenda final, aparando arestas e preparando todo o material a ser utilizado.

Ao final do primeiro dia, o estado anfitrião (geralmente) prepara uma atividade noturna, com uma saída para jantar e para uma programação cultural, apresentando o seu estado e a cidade-sede do evento para os demais membros.

Quando da reunião do Rio, nossa atividade foi uma confraternização e jantar no Rio Scenarium e um almoço (feijoada) típico na sexta-feira.

Em Palmas, a Vera nos brindou com uma recepção a bordo de um iate, nas águas do Rio Tocantins, com direito a muita música e alegria.

No Pará, a Naná nos levou para um passeio de barco noturno, com muita lambada, no qual o nosso "boto" revelou-se um excepcional "pé de valsa".

Em Alagoas, tivemos um maravilhoso jantar com música no paradisíaco hotel "Jatiúca".

Em Santa Catarina, o Pedro (em seu primeiro receptivo) ofereceu um jantar espetacular;

Ou seja, em cada estado existe um tipo de recepção, que, independentemente de seu custo, sempre é cercada de muito carinho e cuidado, dando a todos nós a sensação de pertencer a um mesmo grupo familiar.

A experiência de Tocantins de alojar os representantes do GDFAZ nas dependências da Escola Fazendária, utilizando a sua estrutura de alojamento e restaurante, além de baratear enormemente os custos de quem recebe, também o faz para os convidados. Foi espetacular.

Na verdade, o grupo se uniu ainda mais, convivendo durante todo o evento, trabalhando, brincando e se divertindo juntos, estreitando ainda mais os laços de amizade e respeito que o balizam.

Importante ainda falar dos coordenadores com quem convivi. O primeiro com quem tive contato foi o Francisco, do Espírito Santo, um cara que tem um coração maior do que ele próprio, conhecedor profundo do grupo, desde suas origens e primórdios, conhecedor de todas as pessoas que pelo grupo passaram, um líder que todos entendiam ser de difícil substituição.

Quando de sua decisão de não mais ser coordenador (seria reeleito por aclamação caso assim desejasse), foi eleita a Rosangela, de Minas Gerais, profissional de excepcional competência, mas que não teve a possibilidade de ficar à frente do grupo por muito tempo, tendo em vista atribuições profissionais que a afastaram até do GDFAZ.

Para o lugar da Rosangela, foi eleita a Maria Juraci, do Piauí, "cabra da peste" arretada, boa de trabalho, que pegou a tarefa com unhas e dentes e conseguiu conquistar a todos. Trabalhadora incansável, líder e um comandante nata, vem elevando o grupo a níveis de importância reconhecida pela coordenação do Confaz (que reúne os secretários de Fazenda de todo o Brasil).

Uma outra pessoa digna de nota é a Penha do Espírito Santo. Uma figura competente ao extremo e uma trabalhadora incansável, defensora e conhecedora como poucos de Educação a Distância (EaD) no Brasil. Criou um programa de "dicas de português", copiado por inúmeros estados, inclusive por nós no estado do Rio de Janeiro.

A Penha é uma figura ímpar, conhecedora profunda de poesia brasileira, declamadora e mestre em português, nutre um carinho, amizade e verdadeira "perseguição" ao divertidíssimo Nicandro de Rondônia (piadista nato e contador de causos), que se diverte muito como o principal contraponto da Penha.

Quando os dois estão por perto, é garantia total de divertimento e alegria de todos.

Na verdade, o Nicandro, o Tocha e o Boto são os três assuntos preferidos da Penha.

Mas o mais importante é que todos entendam e saibam que existem pessoas abnegadas no serviço público do Brasil, discutindo e fazendo RH, trabalhando gestão por competências, trilhas de desenvolvimento, benchmarking através de um bem bolado programa chamado "Garimpo de Soluções",

A comunidade GDFAZ consiste em um espaço virtual em que os membros representantes possam debater suas práticas de maneira a potencializar suas ações. É exatamente esse o objetivo da Comunidade GDFAZ.

O GDFAZ tem buscado aprimorar a qualidade do trabalho desenvolvido, seja pela gestão, seja pela oferta de capacitação que busque atender às necessidades detectadas em pesquisas realizadas junto aos nossos servidores fazendários.

Existem também Fóruns Temáticos para realinhamento dos produtos. Cada Fórum tem um tema para discussão, para familiarizar os participantes com o tema e possíveis contribuições.

Os Fóruns sobre os produtos propostos são:

Fórum I - Legislação de RH;

Fórum II - Garimpo de Soluções;

Fórum III - Indicadores de Desempenho;

Fórum IV - Educação a Distância – EaD;

Fórum V - Registros GDFAZ.

6.

MUDANDO PARA MELHOR: O DESAFIO DO CHOQUE CULTURAL

Um dos objetivos do secretário Levy era de dotar a fazenda de um local novo de trabalho, com condições excepcionais e uma qualidade de "vida no trabalho" digna das melhores experiências existentes no mercado privado.

O objetivo era um local onde fosse possível concentrar todo o comando da secretaria e suas principais repartições.

A ideia era de um prédio no qual o acesso em geral fosse restrito, mas que ao mesmo tempo fosse um exemplo de atendimento ao contribuinte.

O primeiro grande desafio, que ele encarregou a Manon de executar, era o de achar o local.

Após inúmeras buscas, ela identificou o antigo prédio do Rioprevidência, que havia sido a sede do Instituto de Previdência do Estado do Rio de Janeiro (Iperj) e originalmente o prédio do Instituto de Previdência do Estado da Guanabara (Ipeg).

O imóvel localizado na esquina da Avenida Presidente Vargas com Rua dos Andradas estava muito danificado, com um andar queimado e bastante destruído.

O prédio pode ser considerado um prédio histórico, uma vez que foi projetado pelo arquiteto Afonso Eduardo Reidy.

No Wikipedia (Affonso Eduardo Reidy – Wikipédia, a enciclopédia livre (wikipedia.org)), esta obra de Reidy é definida da seguinte forma:

> O último projeto de Affonso Eduardo Reidy é o edifício onde funcionou a sede do extinto Instituto de Previdência do Estado do Rio de Janeiro- IPERJ. Inicialmente o prédio atendia ao Montepio dos empregados do Estado da Guanabara, em 1962 torna-se o IPEG (Instituto dos Empregados da Guanabara) e a partir de 1975 o IPERJ. Atualmente funciona a Secretaria de Estado de Fazenda.
>
> Em particular o edifício de Reidy na Av. Presidente Vargas traz soluções interessantes para uma edificação verticalizada. Sendo disposta em um terreno de esquina Reidy tratou as fachadas com base na orientação solar. A fachada oeste foi protegida com brises de concreto armado e alumínio e a sul (voltada para a Av. Presidente Vargas) tem um pano de vidro, que proporciona ventilação, iluminação natural e uma bela vista da cidade do Rio de Janeiro.
>
> A edificação possui 22 pavimentos, onde encontramos um térreo com duas unidades de distintas finalidades. O acesso Reidy dispôs locais de entrada e saída. Duas entradas localizadas na rua de menor movimento e uma saída fica para a Av. Presidente Vargas. O salão de recepção dá acesso as escadas e cinco elevadores.
>
> Os pavimentos tipo possuem uma parte com layout fixo e outra de layout mais flexível. Próximo a escada e elevadores, Reidy localiza unidades do programa que visão a atender as necessidades básicas do pavimento: banheiros, copas, depósitos, etc. O restante do pavimento possui um layout mais dinâmico, contudo Reidy criou regras básicas para a disposição das divisórias.
>
> Os pilares locados no térreo vão até 20º pavimento, em cada piso duas colunatas são dispostas longitudinalmente. Elas sugerem outra delimitação das salas de

trabalho e marcam o eixo de circulação do pavimento. A estrutura é metálica e o as lajes são do tipo cogumelo.

A castilharia da fachada sul possui um módulo definido, gerando certa ordem e uma distribuição justa de iluminação e ventilação. O pano cego na fachada indica o pavimento que abriga o auditório. Piso com um layout diferenciado possui uma escada helicoidal que dá acesso ao pavimento superior.

Uma das complicações após a sua inauguração foi a construção do Edifício sede do Banco Central do Brasil no terreno em frente a fachada oeste. Para o terreno deveria ser feita uma praça que não foi executada. O edifício construído tira visão espacial proposta, anula todas as medidas contra a insolação e quebra o skyline da Av. Presidente Vargas com um gabarito que ultrapassa ao das edificações vizinhas. A relação do edifício com o entorno foi prejudicada.

Em 1954 projeta o Museu de Arte Moderna do Rio de Janeiro, obra de concepção estrutural arrojada, logo após obter o primeiro prêmio da Exposição Internacional de Arquitetos da I Bienal de São Paulo, em 1953. Com o prestígio alcançado, é convidado a projetar o Museu Nacional do Kuwait.

Também é responsável pelos projetos do "Conjunto Habitacional da Gávea", projeto mutilado pela construção do Túnel Zuzu Angel, e do "Conjunto Habitacional Pedregulho", considerado arrojado pela sua concepção espacial e pela prioridade dada aos equipamentos de lazer e convivência.

Os críticos costumam apontar os dois projetos como suas obras-primas.

O arquiteto Reidy foi o primeiro a propor um Centro Cívico no Brasil, conforme os *civic centers* americanos, no seu projeto para da área do desmonte do morro Santo Antônio, no Rio de Janeiro, em 1948.

Encontrado o imóvel, coube ao secretário conseguir a liberação dele para a Secretaria de Fazenda e a Manon coordenar e tocar todo o projeto de remodelação do imóvel, mantendo o máximo de suas concepções e soluções originais.

Reformado ao mesmo tempo que a obra do Maracanã, pode-se entender a luta e os desafios que a Manon encontrou para levar a obra adiante e concluí-la no prazo previsto.

No decorrer da obra, a Manon fechou conosco um projeto de "Change Management", uma vez que temíamos muito o choque cultural que poderia advir com a pura e simples transferência de pessoas que conviviam há anos com um ambiente absolutamente degradado, no qual era comum se alimentar nos postos de trabalhos, conviver com poeira e calor, com a entrada de vendedores das mais diversas atividades e produtos, com banheiros malcuidados e copas improvisadas.

O novo prédio seria a antítese de tudo isso, uma vez que sua concepção incluía andares corridos, banheiros coletivos por andar, espaço de trabalho sem divisórias ou estações de trabalho, com o conceito de mesas de trabalho, espaço convivência com água e máquina de café, central de impressoras por andar, catracas selecionadoras acionadas por crachá chipado e digital, proibição de entrada de fornecedores e entregadores particulares e horários predeterminados.

Como forma de começar a mostrar um pouco do futuro que estava por vir e calar um crescente boato de que o prédio nunca estaria pronto, organizamos em conjunto com o pessoal da arquitetura uma série de visitas guiadas, com datas e horas marcadas, em que íamos ao prédio e apresentávamos o andar do espaço servidor, o do auditório, o do secretário e dos subsecretários, um andar tipo (padrão) e finalmente o andar onde iria se estabelecer a Central de Atendimento ao Contribuinte.

Como a definição era ocupar o prédio com as Inspetorias Especializadas (exceto IPVA, ITD e Comércio Exterior). Tendo em vista o grande tráfego de contribuintes que circulavam por elas, as visitas focaram principalmente as áreas que seriam transferidas para o novo prédio, como a Auditoria e Contadoria-Geral, Arrecadação e Cadastro,

Subsecretaria de Assuntos Jurídicos, Assessoria Jurídica, Conselho de Contribuintes, Informática, Tributação, Diretoria de Administração e Finanças (DGAF), Coordenação de Administração, Coordenação de Recursos Humanos (CRH), Subsecretaria Adjunta de Fiscalização, sub geral, Subsecretaria de Política Fiscal, Subsecretaria de Finanças, Manutenção, Transportes, Telefonia e Protocolo Geral, além das Inspetorias Especializadas.

As visitas ocorreram em duas oportunidades, uma no início das obras e outra com os andares já bem adiantados; melhor definindo, uma em elevador de obra e outra em um dos elevadores do prédio.

Ao mesmo tempo nosso jornal interno bombardeava a todos com informações da obra e de seu andamento, e toda nova notícia era amplamente divulgada entre todos.

A ansiedade pela mudança passou a ser total. A antes obra fictícia se tornou o objeto de desejo da grande maioria.

Com o prédio praticamente pronto, escrevemos com a Manon e a Debora do DGAF o que passamos a chamar o "Manual do Prédio", um verdadeiro manual de utilização, com o peso de lei, uma vez que ele foi editado como uma Resolução do Secretário.

Internamente foi desenvolvido um mascote do novo prédio e através de um concurso interno foi batizado de "Zéfaz".

Mais uma vez inovamos, produzindo após a mudança palestras internas, com dia e hora marcada, para apresentar e explicar item a item do manual.

Todos os servidores receberam uma cópia do manual, um cordão personalizado para o crachá, uma caneca de cerâmica da nova Sefaz e um mouse pad especial como kit de boas-vindas ao novo prédio.

Além disso a CRH procurou todos os restaurantes do entorno do novo prédio e promoveu convênios de descontos (poucos não aderiram), e assim passamos a oferecer também esse serviço, uma vez que todos teriam que escolher outros locais de refeição, tendo em vista a distância das antigas repartições.

Esse esforço de convênio transformou-se no nosso programa de relacionamento, que passou a concentrar uma grande quantidade de convênios, seja com restaurantes, cafés, papelarias, academias de ginástica, centros de estética, academias de dança e comércios em geral.

Com certeza esse programa de gerenciamento de mudança foi altamente exitoso, uma vez que não observamos nenhum tipo de vandalismo ou mau uso da nossa nova sede.

Na verdade, o servidor fazendário passou a ter orgulho de sua nova casa.

Justiça seja feita, todo o trabalho de criação dessa nova casa e de coordenar esse programa de mudança se deve a Manon Guedes, incansável em sua missão, e à parceria da Debora do DGAF, do arquiteto Mauricio e da Juliana, na Comunicação Social.

7.

O *BACK OFFICE* DOS CONCURSOS

Logo que cheguei à Sefaz, comecei a viver o que podemos chamar dos cinco anos de ouro de concursos.

O último grande concurso realizado pela Fazenda Estadual para Fiscais de Renda tinha sido em 1989.

Em 2007, o secretário Joaquim Levy tomou a decisão corroborada pelo governador de retomar os concursos públicos, realizando efetivamente em 2007 e 2008 dois certames com a entrada de pouco mais de 70 novos fiscais.

A situação era muito preocupante, uma vez que tínhamos pouco mais de 500 fiscais, e grande parte deles admitidos antes de 1989, alguns já aptos a se aposentar e muitos faltando pouco tempo para a aposentadoria.

Na carreira dos contadores, a situação era parecida, uma vez que, apesar de ter havido um certame mais recente, foram aprovados menos de cinco candidatos, dos quais apenas um permanecia entre nós.

As carreiras fazendárias não eram diferentes, sendo que o maior risco é que na verdade nunca havia sido realizado um concurso público real, uma vez que praticamente todos os ocupantes das diversas categorias haviam sido admitidos em virtude de leis de transformação de cargos, inclusive um grande grupo que havia sido admitido para trabalhar no antigo programa "Seus Talões valem Milhões".

Ou seja, havia uma enorme carência de pessoal qualificado e de gente para tocar o dia a dia da Secretaria.

Para minimizar essa carência, os gestores da fazenda haviam criado um sistema de terceirização disfarçada, contratando pessoal através de um núcleo de estudos e pesquisas da Universidade do Estado do Rio de Janeiro (Uerj), chamado de Núcleo Superior de Estudos Governamentais (Nuseg).

Mas o que era o Nuseg. Apesar do pomposo nome, que sugere a realização de altos estudos corporativos, o Nuseg se transformou na caixa preta do governo. Era usado, há décadas, para fazer pagamentos a terceiros.

Começou como realmente um setor para pagar estudos superiores. Com o tempo, teve sua finalidade desvirtuada.

O Nuseg virou "pau para toda obra". Todo e qualquer pagamento de serviços era feito pelo Núcleo, inclusive pagamento de pessoal, tal qual uma empresa de locação de mão de obra.

Eram os *nuseguianos* que tocavam a máquina e se espalhavam em toda a estrutura administrativa e nas áreas de tecnologia da informação.

Quando questionada sobre esse tipo de contratação, a Uerj sustentava que celebrara convênio com a Sefaz para prestação de serviços temporários, com contratações de caráter provisório por excepcional interesse público. Não havendo, portanto, violação da exigência de concurso público prevista na Constituição Federal, "porque as pessoas não estavam sendo investidas em cargos ou empregos públicos e, ainda que se juridicamente fosse possível a declaração da relação de emprego, a direção e a subordinação do empregado ficaram a cargo da SEFAZ", conforme denúncia do Ministério Público Estadual. Esta, por sua vez, argumentava que os trabalhadores assinavam com a Uerj termo de compromisso em que ficava evidente a inexistência de emprego entre as partes, uma vez que o primeiro requisito para a participação no projeto desenvolvido pela Uerj era ser universitário, e a remuneração era uma bolsa-auxílio.

Durante boa parte da campanha eleitoral, esse assunto foi o centro da discussão, sendo que logo após a posse do governador Cabral foi assinado com o Ministério Público um Termo de Ajuste de Conduta (TAC) para a regularização dessas irregularidades no âmbito de todo o estado do Rio de Janeiro.

Quando de minha contratação, em fevereiro de 2009, já haviam sido realizados dois concursos para Fiscais da Receita Estadual, organizados pela Fundação Getúlio Vargas (FGV) com toda a sua base e estrutura montada por aquela a Fundação, com a firme supervisão e operacionalização interna da Manon.

Ao mesmo tempo, a Escola Fazendária, sob o comando da sua então diretora Lucia Figueiredo e a coordenação do Prof. Alexandre, desenvolvia e aplicava o chamado treinamento introdutório dos novos fiscais.

Ressalte-se que naquele momento ainda convivíamos com o fantasma do TAC celebrado com o Ministério Público, que definiu o fim dos Nusegs.

Ainda no início do Governo, realizou-se um concurso para auxiliares de Fazenda temporários, que possibilitou o encerramento imediato do contrato dos Nusegs com a Uerj, que nos deu dois anos de tranquilidade para planejar e executar um concurso de fazendários.

No ano de minha chegada, já comecei a participar ativamente das ações necessárias à realização dos certames para fiscais da Receita Estadual, acompanhando passo a passo todas as ações praticadas pela Manon, desde a definição da organizadora, a cotação de propostas, a contratação em si, os parâmetros para a feitura do Edital e o acompanhamento do concurso propriamente dito, desde a publicação do edital, visita ao local das provas no dia da aplicação, acompanhamento dos resultados, das ações de solicitação da homologação, das nomeações pelo governador, marcação da posse e a posse efetivamente (festiva com o governador e administrativa na Sefaz).

Além das providências e acompanhamentos, também fiz parte da comissão de "Organizou, planejou e executou", o programa de treinamento introdutório, com a aplicação da metodologia Disc para auxílio nas primeiras lotações daqueles novos fiscais de renda do Estado.

Foi uma experiência única que me abriu as portas para esse universo dos concursos públicos, pela visão do executor.

Depois dessa primeira experiência, além de participar dos certames relativos aos chamados fiscais, fomos além, na preparação e elaboração do primeiro concurso real para Oficiais de Fazenda, que concluía os termos acordados no citado TAC.

Nesse caso o trabalho ainda foi mais extenso, uma vez que participei ativamente desde a elaboração do termo de referência, da elaboração do edital e do conteúdo programático, com todas as definições e viés a serem utilizados naquele certame, acompanhando o momento das inscrições, a aplicação das provas, divulgação dos resultados, homologação do concurso, nomeação e posse efetiva dos aprovados.

Surgiu ainda quase que concomitantemente a necessidade de realizar um concurso para Analistas de Controle Interno, cuja última experiência havia sido frustrante, com menos de cinco aprovados.

Mais uma vez, participei de sua preparação, atuando de A a Z, coroando de êxito a posse de um grupo de novos contadores em três chamadas de aprovados.

Além desses concursos, com a publicação da Lei 5335, que criou uma nova carreira na Sefaz, a de Analistas em Finanças Públicas, também atuamos na elaboração do termo de referência, edital, curso de formação, homologação, nomeação e posse dessa nova turma de profissionais fazendários.

Desse concurso, até o que estava previsto para 2014, tive a eficiente orientação do novo subsecretário-geral, o Paulo Tafner, com toda a sua experiência pública e acadêmica e a ajuda e parceria de seus assistentes diretos Carolina Botelho e Rafael, atuando conjuntamente para a elaboração do concurso de Analista em Finanças Públicas, do novo concurso de Oficiais de Fazenda e de um concurso de Auditor Fiscal da Receita Estadual (antigos Fiscais de Renda).

Na verdade, esse período de 2009 a 2014 foi uma verdadeira pós-graduação em concurso público, propiciando uma reviravolta no quadro de pessoal quanto à qualidade da mão de obra.

Iniciamos ainda a busca por novas alternativas de organizadoras, em razão de uma insatisfação com o último trabalho entregue à Fundação Getúlio Vargas, com ampla pesquisa de fundações, instituições e empresas, até se chegar a um consenso em torno da Fundação Carlos Chagas, passando pelas reuniões com os experts das áreas para definir as matérias a serem testadas e os conteúdos programáticos de cada uma delas, a forma de discutir internamente e definir a matéria-chave daquele certame, definir as pontuações mínimas por prova, grupo de provas, dias de prova e do total final, concluindo pelo corte de alternativas por questão. Tudo foi desenvolvido, trabalhado e definido por esse grupo.

Edital na rua, era hora de cuidar e acompanhar os índices de inscrição, referência fundamental para um concurso de sucesso, e acompanhar a realização das provas, com visitas em alguns de seus locais para sentir o clima do concurso; receber os resultados, sentir nos fóruns a repercussão deles, o índice de satisfação e a possibilidade de recursos. Publicar o resultado, solicitar a nomeação e dar posse aos aprovados é o clímax do processo.

O quadro a seguir demonstra o que foi realizado em termos de concursos públicos na Sefaz naquele período:

Concursos Realizados	Ano	Vagas Oferecidas	Nomeados	Posse	Mulheres	Homens	CGE	AGE	Observações	
Analista em Finanças Públicas	2012	50	50	47	17	30			Um concurso	
Oficial de Fazenda	2010	100	30	28	12	16			Primeiro Concurso com duas chamadas	
	2011	110	106	106	40	66				
	2013	200	200	150	44	106			Segundo Concurso com duas chamadas	
	2014	38	37	25	8	17				
Analista de Controle Interno	2010	100	25	20	8	12	8	12	1º chamada	Apenas um concurso com 4 chamadas
	2011	80	40	37	11	27	20	17	2º chamada	
	2012	40	47	39	20	19	26	13	3ª Chamada	
	2014	28	28	25	8	16	14	11	4º Chamada	

RECURSOS HUMANOS NA ADMINISTRAÇÃO PÚBLICA DIRETA

	Ano	Vagas Oferecidas	Nomeados	Posse	Mulheres	Homens	Seis concursos realizados						
Auditor Fiscal	2007	100	37	37	4	33							
	2008	100	40	40	13	27							
	2009	100	100	97	37	60							
	2010	130	130	129	30	99							
	2011	300	280	264	67	197							
	2013	50	24	24	6	18							
Subtotais			1174	1068	325	743							
Resumo dos Concursos AFRES	Ano	Vagas Oferecidas	Nomeados	Posse	Mulheres	Homens							
Auditor Fiscal	2007	100	37	37	4	33							
	2008	100	40	40	13	27							
	2009	100	100	97	37	60							
	2010	130	130	129	30	99							
	2011	300	280	264	67	197							
	2013	50	24	24	6	18							
Totais			611	591	157	434							

Nele fica demonstrada de forma bem clara a mudança operada na Sefaz a partir de 2007 e o grande crescimento operado de 2009 em diante.

Importante ainda falar da grande dificuldade que é a definição da escolha da organizadora, medindo seus resultados, lisura, eficiência, experiência e principalmente na hora da decisão do preço da inscrição.

Existem leis e normas que definem que o preço deve ter uma certa correlação com os vencimentos da carreira do certame, bem como a discussão, sempre presente com a Assessoria Jurídica, sobre o valor.

Nossa estratégia sempre foi a de não superar os valores previstos na legislação, baseados em percentuais máximos do valor da remuneração, como também de fazer uma pesquisa de valores cobrados em concursos similares em outras instituições, tanto no Rio de Janeiro quanto em outros estados da União.

Nunca houve o interesse de obter lucro com o certame, na verdade o preço da inscrição é aquilo que propomos como a remuneração da organizadora, descontados os valores resultantes da aplicação de uma tabela progressiva de acordo com o número de inscritos.

Os valores que ao fim deveriam ser repassados à Sefaz eram para um Fundo de Desenvolvimento Fazendário, o FAF, para utilização em treinamento, capacitação e modernização da Fazenda.

Essa equação sempre foi utilizada (de 2007 a 2014) rendendo bons frutos e certames muito competitivos e saudáveis.

Apenas em uma ocasião, foi constatada a existência de fraude, detectada pela Sefaz e pela própria organizadora, que teve como efeito um imbróglio jurídico que terminou com um acordo judicial.

Esse caso teve grande repercussão e entendo que é importante relatar a minha visão do assunto, como forma de esclarecer algumas das decisões tomadas e suas consequências.

Efetivamente, logo após a liberação pela organizadora de uma relação de aprovados em um certame para Fiscal de Renda (atual Auditor Fiscal da Receita Estadual), ficamos assustados com as notas recebidas pelos três primeiros colocados, muito superiores a dos demais aprovados.

Logo surgiram inúmeras dúvidas sobre a lisura do resultado, e algumas questões começaram a ser levantadas, por exemplo sobre os três serem residentes na mesma cidade (Muriaé, no estado de Minas).

Internamente, um de nossos fiscais também levantou dúvidas sobre o resultado com base na aplicação de cálculos estatísticos.

No meio dessas enormes desconfianças, convocamos a organizadora para uma reunião urgente sobre o assunto. A reunião foi marcada para o dia seguinte.

Quando a reunião se iniciou, a organizadora informou que havia sido constatada a veracidade da fraude, que eles haviam ido a Muriaé e constatado o modus operandi da fraude e que a polícia de Muriaé já havia indiciado os envolvidos.

Assustados com a velocidade da apuração da organizadora, descobrimos que ela, à revelia do contrato firmado, havia terceirizado a aplicação e apuração do resultado, que a sala segura onde era rodado o resultado ficava na cidade de Muriaé e que um funcionário da empresa terceirizada havia trocado as provas na sala segura em benefício dos três fraudadores em troca de valores financeiros.

Essa descoberta na verdade nos indicava a fragilidade do sistema de segurança e que tal ação poderia ter beneficiado muitos outros candidatos, elevando muito o risco de ser um concurso de cartas marcadas.

Com base nesses argumentos, o nosso secretário fez contato com o governador e com a Procuradoria Geral do Estado (PGE), e optou-se pela anulação, para desespero da organizadora, que teria que devolver o dinheiro da inscrição de todos os candidatos, além de arcar com os custos indiretos de estar no comando de um certame anulado por fraude.

A partir desse ponto, começa uma batalha judicial pesada, com inúmeras ações que tinham como razão pedir a homologação do concurso e a nomeação dos aprovados.

O concurso previa cem vagas, e no fim todos os 280 aprovados pleiteavam sua nomeação e posse.

Logo uma juíza concedeu uma liminar que definia que a Sefaz não poderia realizar qualquer outro certame para Fiscal de Renda sem que promovesse antes a nomeação e posse dos aprovados.

Todas as tentativas de mudar a posição dessa juíza foram infrutíferas, inclusive aquelas que garantiam a reserva de vagas no quadro para futura nomeação e posse em caso de trânsito em julgado a favor dos candidatos.

Ao fim, em razão da necessidade de remontar o quadro de Fiscais, da pressão de inúmeros apelos e discussões, definiu-se pela nomeação sub judice dos cem primeiros aprovados, e pouco depois o governador definiu a nomeação de todos os aprovados, também de forma sub judice.

O trabalho que deu para realizar os procedimentos de posse e registro, com análise de documentos e toda a burocracia de 280 novos fiscais de renda, foi absurdo. Nesse ponto vale destacar o trabalho que a Coordenação de Administração, comandada pela Katia Rebelo, realizou, conseguindo dar conta do desafio a tempo e hora.

Essa confusão jurídica veio a ter fim em março de 2015, com a transformação de todos os atos sub judice em atos definitivos, tendo em vista alguns resultados obtidos e um acordo assinado com todos os aprovados naquele certame.

Voltando um pouco no tempo, entendíamos que tudo o que ocorreu nesse certame maculou a marca de lisura e dificuldade que marcava o nosso concurso como um dos mais difíceis e exigentes do Brasil, e era importante marcar de volta nosso peito com essa medalha de ouro.

Nesse momento começamos a desenhar, junto com a equipe do subsecretário-geral da época, o certame de 2013/2014, que queríamos que fosse o certame do resgate do nome da Sefaz no mercado de concursos.

A primeira providência foi montar a equipe que iria ser a responsável pela preparação e organização do certame, que passou a ter o Paulo Tafner como o gestor, os seus assistentes diretos Carolina e Rafael, e eu como coordenador de Recursos Humanos.

Nenhuma outra pessoa que tenha participado de uma ou outra ação teve conhecimento de outras ações e outras atividades.

O primeiro passo foi um amplo levantamento e apuração de informações sobre as mais renomadas organizadoras do Brasil, seus sistemas de segurança, seu corpo profissional e a garantia de que não haveria terceirização de atividades de segurança e guarda de informações confidenciais, como gabaritos, por exemplo.

Reviramos este país inteiro, ouvimos inúmeros gestores de diversas Secretarias de Fazenda, Institutos, empresas públicas, autarquias, governo federal etc., com levantamento de números, visitas e pesquisas virtuais.

Ao fim chegamos ao consenso sobre a FCC (Fundação Carlos Chagas) de São Paulo.

Realizamos uma longa reunião com eles, conhecemos a operação em detalhes e os predefinimos como a nossa escolha, que ainda deveria ser referendada pelo Secretário e pelo Conselho Superior de Fiscalização e Tributação.

Tratamos da aprovação pela Assessoria Jurídica da contratação, contornando todas as dificuldades e entraves legais apresentados, fechando um contrato redondo e sem máculas a serem questionadas judicialmente.

A parte mais difícil foi a definição de preço do edital, mas a nossa pesquisa de valores e os argumentos acabaram por convencer a Assessoria Jurídica da necessidade de valorizar nossa marca.

Ao mesmo tempo, reunimos em diversas reuniões, de forma separada, inúmeros entes e setores específicos da Receita, para, tal qual uma colcha de retalhos, desenhar as matérias a serem colocadas nas provas e seus conteúdos bibliográficos.

Reunimos ainda uma série de profissionais, com formação estatística, para discutir, com base nas matérias predefinidas, os mínimos a serem utilizados no certame, fossem eles por matéria, grupo de matérias, dias de prova e totais.

Definimos ainda, diretamente com o secretário, o viés principal da prova, ou seja, qual seria a matéria principal do certame e os pesos de todas as demais, bem como os percentuais de questões fáceis, médias, difíceis e muito difíceis.

Desenhamos um edital que fosse definitivamente encerrado na posse efetiva da última vaga prevista, que ficou definida em 50 vagas; assim, caso fossem cem aprovados, após a posse do 50º o concurso estaria encerrado.

Com tudo pronto, apresentamos o pacote fechado ao Conselho, inclusive a organizadora, obtendo a aprovação necessária.

Rapidamente, para evitar qualquer risco de vazamento, enviamos o edital à FCC, que fechou a parte dela, e publicamos no D.O. para a surpresa de muitos, que esperavam um concurso igual a todos os anteriores no que concerne ao tipo de edital, de provas, de conteúdo bibliográfico e de mínimos necessários.

Concurso na rua, iniciamos o acompanhamento das inscrições, que rapidamente começaram a crescer, até que fechamos com um recorde de mais de 7 mil inscritos. Até aquele certame, nossa média de inscritos ficava entre 5 e 5.500 candidatos.

Até as vésperas da aplicação das provas, tudo corria às mil maravilhas, organização perfeita, sem falhas, divulgação dos locais de prova, distribuição dos cartões de confirmação, prova inequívoca de nossa excelente escolha.

Nossa forma de aplicar as provas consistia em dois domingos seguidos, com dois grupos de provas distintos e o mesmo tempo dedicado a elas.

Finalmente chega o dia do primeiro grupo de provas. Acompanhando tudo com a ansiedade natural desses eventos, cheguei a visitar um dos locais e receber informações da FCC, ao correr o dia, sobre o andamento delas. Tudo transcorria bem, com pequenas exceções sobre locais onde o ar-condicionado não havia funcionado corretamente.

Finalizado esse primeiro dia, no rescaldo dos acontecimentos, a FCC nos procurou na segunda-feira com um sério problema. Na verdade, ela havia locado da Universidade Gama Filho e da Univercidade alguns locais de prova, que apresentaram problemas.

Para piorar as coisas, estava sendo planejado pelos funcionários dessas instituições não abrir os portões no domingo seguinte, em represália a salários atrasados e dificuldades financeiras.

Nossa avaliação em conjunto com a FCC era de que não podíamos mais confiar nesses parceiros, uma vez que a situação deles era incontrolável, fato que se consumou pouco tempo depois com o fechamento daquelas universidades.

A solução era procurar um novo parceiro, capaz de abrigar, nas condições de segurança e conforto necessários, todos os candidatos oriundos daqueles locais de prova.

Rapidamente eles se mobilizaram e conseguiram fechar um acordo com a Unisuam e nos informaram, solicitando aprovação para levar adiante o plano de ação traçado.

Levei o assunto para ser tratado em uma reunião de emergência, com o nosso Secretário de Fazenda, Renato Vilella, com o sub geral Paulo Tafner, a chefe de gabinete e a área jurídica.

O plano consistia em uma ampla divulgação por jornais, e-mail e telefone dos candidatos, indicando seu novo local de prova. Além desse sistema de comunicação, a FCC colocou um representante dela em cada local anteriormente indicado, para informar aos que ainda assim fossem a ele a mudança ocorrida, garantindo ainda o deslocamento para o novo local e seu retorno.

Para evitar riscos de atrasos e problemas futuros, foi preparada uma sala na Unisuam especial para esse grupo, de maneira que a existência de retardatários não influísse na concentração de nenhum candidato.

Mais uma vez presenciamos um show de organização e operação da FCC, com tudo funcionando de forma perfeita, sem queixas, problemas e percalços.

Após a prova, comecei a monitorar as redes sociais e os fóruns concurseiros, que já mostravam que teríamos um baixo índice de aprovados e de recursos, tendo em vista a qualidade da prova elaborada pela organizadora.

Ocorreram casos até engraçados, como de um candidato que, desesperado, reclamava da qualidade dos professores dos cursos por não conseguirem indicar nenhuma questão que pudesse vir a ser questionada.

O maior sucesso desse certame foi o resultado final, que, com incríveis 24 aprovados e nenhum recurso, trouxe de volta a certeza de que o concurso da Sefaz-RJ é um dos mais qualificados existentes no país e que para ser aprovado tem que ter uma qualidade excepcional.

8.

CONCURSO FEITO, CANDIDATOS APROVADOS... COMO DEFINIR A LOTAÇÃO DE CADA UM?

Quando iniciei na Sefaz, havia acabado de ter sido realizado um concurso de Fiscal e pude acompanhar o processo de definição.

Em uma sala na Escola Fazendária, o então subsecretário da Receita reuniu todos os aprovados, e um a um ia se apresentando, falando sua formação e experiências profissionais, e o subsecretário, em uma lista com o nome de todos, ia fazendo anotações.

Ao fim da reunião, ele se reuniu com alguns assessores e de forma totalmente empírica determinava para onde deveriam ser designados.

Alguns exemplos: ex-militar ia para barreira, e o restante se distribuía quase que aleatoriamente.

Naquele momento, estava no ar um programa de orientação de carreira, tocado por uma conceituada consultoria e que caminhava para um retumbante fracasso, por razões que não cabem ser discutidas neste livro.

Mas nesse programa existia uma aplicação da ferramenta Disc em todos os fiscais.

Aproveitando que já estávamos pagando pela ferramenta, procurei o secretário e apresentei a metodologia para ele, e pedi para que ela fosse aplicada em todos os fiscais, principalmente para os novos, como ferramenta auxiliar na definição da lotação, no que tange ao perfil comportamental.

O secretário inicialmente mostrou-se interessado em entender mais sobre ela e pediu para gerar um perfil que ele iria criar a partir do preenchimento do questionário.

No fim, ele acabou preenchendo três questionários, uma após a leitura do relatório do anterior.

Após esse exercício, ele conversou comigo explicando que havia conseguido entender o algoritmo do perfil adaptado e que realmente aquele resultado seria importante na definição das lotações.

Como havia entre os subsecretários algumas resistências à ferramenta, ele aproveitou uma reunião de coordenação para informar a todos da sua experiência, que ele queria que todos os subsecretários fossem submetidos à ferramenta e que daquele dia em diante ela passava a ser obrigatória, como ferramenta de auxílio na definição das lotações.

Além das análises Disc, eu também passei a solicitar formalmente a todos os aprovados nos concursos o envio eletrônico de um Curriculum Vitae completo.

De posse do resultado do Disc, do Curriculum Vitae e de observações realizadas ao logo dos cursos de formação de novos servidores, o CRH passou a fornecer aos respectivos subsecretários uma planilha com um resumo do C.V. (com dados pessoais e profissionais) e do Disc, com sugestões de lotação, levando em conta a quantidade de vagas disponibilizadas por local, região e setor.

Essa prática se manteve por muito tempo, sendo descontinuada em uma mudança de secretário.

Além de auxiliar na primeira lotação, as próprias áreas começaram a se interessar em analisar os relatórios Disc em situações de realocação e até de definição para posições de gestão.

A partir daquele momento, fechamos contrato com a e-Talent, considerada uma das melhores empresas de gestão da ferramenta. Adquirimos mais de mil licenças e passamos a aplicar em todos os servidores existentes e naqueles que ingressam na secretaria por concurso público (seja qual for o cargo), criando assim o que chamamos de Banco de Talentos.

Em 2016, o nosso Banco de Talentos (e-Talent) continha relatórios de praticamente todos os auditores fiscais, analistas de controle interno, analistas de finanças públicas e analistas da Fazenda, auxiliando tanto as áreas fins como o CRH em inúmeros processos de tomada de decisão.

Apenas para um melhor entendimento, é importante saber que a metodologia Disc possibilita a análise comportamental das pessoas a partir de quatro fatores: Dominância (D), Influência (I), Estabilidade (S), Conformidade (C).

Tudo começa no início dos anos 20. O americano William Moulton Marston, PhD em Psicologia pela Universidade de Harvard, desenvolveu uma teoria para explicar as respostas emocionais das pessoas.

Até aquela época, esses tipos de trabalhos restringiam-se a indivíduos considerados deficientes mentais, mas Marston sonhava em estender essas ideias para avaliar o comportamento de todos os indivíduos.

Para testar suas teorias, Marston desenvolveu sua própria técnica para medir estilos comportamentais, utilizando-se de quatro fatores importantes: Dominância, Influência, Estabilidade e Conformidade.

Das iniciais em inglês dessas palavras, surgiu a sigla DISC.

Em 1926, Marston publicou suas descobertas em um livro intitulado *As Emoções das Pessoas Normais*, que incluía uma breve descrição do sistema elaborado por ele. Desde então, a metodologia Disc foi desenvolvida até se tornar a ferramenta de análise comportamental mais utilizada no mundo.

De acordo com a Teoria DISC, todas as pessoas têm potencial para o sucesso, mas cada uma terá mais chances de alcançá-lo em atividades que estejam adequadas ao seu perfil comportamental. Portanto, parte do princípio de que nenhum perfil é melhor ou pior.

Qualquer indivíduo pode se adaptar a um estilo comportamental, porém isso exigirá esforço e conhecimento acerca de quais são as características que devem ser desenvolvidas.

Pessoas que realizam atividades alinhadas ao seu perfil tornam-se mais realizadas e felizes.

Na verdade, o que o Disc faz é detectar as características comportamentais das pessoas, como forças, motivações, forma de gerenciar e de se comunicar, apontando os pontos que não são fortes.

Ele proporciona um amplo autoconhecimento; possibilita que empresas aloquem seus colaboradores de acordo com o seu perfil comportamental, gerando mais satisfação e produtividade e complementa informações para que se tenha um conhecimento completo acerca do indivíduo.

O Disc não avalia a inteligência de um indivíduo; não detecta habilidades; não avalia valores; não considera experiência e maturidade e não é uma ferramenta para manipular ou rotular pessoas.

Assim, ele consegue ser uma ferramenta ideal para auxiliar na lotação de servidores, sejam eles novos ou não, possibilitando a utilização de uma técnica testada e aprovada ao longo dos anos e diminuindo em muito a lotação baseada no puro "sentimento" do gestor.

Não tenho dúvidas ao afirmar que a introdução dessa ferramenta na gestão de recursos humanos da Sefaz tornou-se mais um diferencial de qualidade e modernidade.

9.

O DESAFIO DE IMPLANTAR AVALIAÇÃO DE DESEMPENHO EM UMA ESTRUTURA "MARTELO E PREGO"

Em primeiro lugar, uma pergunta:
- *Você sabe o que quer dizer uma estrutura "Martelo e Prego"?*
Simples. Trata-se de uma estrutura organizacional na qual as promoções a cargos de chefia e comando são discricionárias e não dependem de nenhum critério objetivo, ou seja: "Hoje eu sou o martelo e você o prego, mas amanhã eu posso ser o prego e você o martelo!".

Também pode ser chamado de: **Amanhã você pode ser eu hoje!**

Assim, quando você quer falar ou trabalhar com avaliação de desempenho, ou de competências, como querer que seu avaliador nesse cenário absolutamente corporativo venha a analisar friamente o desempenho e as competências de seus subordinados?

Esse é o principal desafio em órgãos públicos, onde existem carreiras fortes como a dos auditores fiscais da Receita.

Na verdade, a avaliação de desempenho serve para municiar os processos de progressão de carreira, que são mais sensíveis do que a própria nomeação para cargos de chefia superiores, uma vez que tem a ver com a remuneração de cada um.

Nesse ponto podemos dividir a Sefaz em duas realidades: a dos auditores fiscais da Receita Estadual e a de todas as demais carreiras, assim utilizando o método "Jack" — vamos por partes.

No caso dos auditores fiscais, a legislação que rege a carreira é uma lei complementar que delega poderes à própria classe para criar os critérios e modelos de avaliação a ser utilizada.

Quando de minha chegada à Sefaz, o modelo é absolutamente simplista e corporativo, existindo um comitê avaliador, que delegava poderes a supervisores que cuidavam de grupos de fiscais espalhados pela fazenda.

O processo ainda tinha nos seus primeiros 36 meses o poder de definir a aprovação ou não no estágio probatório.

O secretário Levy me encarregou de assessorar o chamado comitê de avaliação na criação de uma nova resolução de avaliação a ser utilizada na Sefaz, momento em que consegui introduzir um modelo de avaliação de desempenho chefe x subordinado, na qual procurei introduzir como quesitos questões objetivas como assiduidade e pontualidade.

Após a saída do secretário Levy, começou a se demonstrar o descontentamento com o modelo, até que foi criado um novo grupo para discutir e apresentar um novo modelo.

Apesar de indicado pelo secretário para fazer parte do grupo, fui voto vencido quanto ao modelo aprovado, que na verdade é um instrumento validador.

Com relação às demais carreiras, por um longo período, ficamos sem instrumentos legais válidos que pudessem corroborar progressões de carreira.

Finalmente em 2011, por meio do Decreto nº 43.249, o estado do Rio de Janeiro começa a definir as regras gerais de avaliação especial de desempenho e estágio probatório, preenchendo a lacuna existente por muitos anos no assunto.

Importante ainda entender que várias carreiras no estado, e até na Sefaz, passaram a ter direito a Gratificação por Desempenho de Atividade e necessitavam de um diploma legal que traçasse as regras gerais para a implantação das avaliações internas.

Após o Decreto de 2011, houve mais um aperfeiçoamento em 2012, o Decreto nº 43.593, e finalmente um introduzindo novas funcionalidades, inclusive a previsão da implantação de um módulo de avaliação de desempenho no sistema de folha de pagamentos, que foi o nº 44.912, de 2014.

Pela leitura das Resoluções que redigimos e criamos, bem como pelos formulários apresentados, podemos constatar a tentativa de minimizar ao máximo o princípio do "martelo e do prego".

Importante ainda citar a luta e a obstinação do ex-subsecretário de desenvolvimento de carreiras da Seplag, o Paulo Cesar Medeiros, que junto com sua equipe batalhou arduamente para a implantação da AD em todos os entes do Governo do Rio de Janeiro.

A utilização de 11 fatores, sendo alguns bem objetivos e com quatro avaliações predefinidas por fator e a definição final por meio de um cálculo matemático, mostrou-se um bom caminho.

Até o fim de nosso RH, entendemos que o simples fato de as áreas cumprirem os prazos de entrega das avaliações, bem como que elas sejam assinadas pelos avaliadores e avaliados, e analisadas por uma comissão de avaliação, com possibilidade de o servidor recorrer de avalições, porventura, persecutórias, mostrou-se um grande avanço.

No modelo que introduzimos, nossa opção foi trabalhar os seguintes fatores avaliativos:

PRODUTIVIDADE: Volume de trabalho realizado em determinado tempo.
QUALIDADE: Grau de exatidão, correção e clareza nos trabalhos executados.
CONHECIMENTO DO TRABALHO: "Expertise", perícia na função exercida.
COOPERAÇÃO: Presteza e capacidade de ajudar os colegas de equipe.

INTERESSE: Busca de autodesenvolvimento por meio de capacitação, conhecimento da legislação, instruções, normas e procedimentos.
INICIATIVA: Capacidade de identificar novas tarefas, projetos e problemas e se prontificar a assumi-los.
RELACIONAMENTO INTERPESSOAL: Capacidade de se relacionar bem com os colegas, promovendo um bom ambiente de trabalho.
APRENDIZAGEM: Facilidade de aprender novos métodos de trabalho.
DISCIPLINA: Capacidade de respeitar e cumprir ordens que lhe são transmitidas.
CAPACIDADE DE REALIZAÇÃO: Capacidade de efetivação das tarefas.
ASSIDUIDADE E PONTUALIDADE

Para avaliar esses fatores, apresentamos quatro opções de respostas, predefinidas, como para o fator Produtividade:

FATORES	**(3)**	**(2)**	**(1)**	**(0)**
PRODUTIVIDADE: Volume de trabalho realizado em determinado tempo.	Executa um grande volume de trabalho em pouco tempo. ☐	Executa um volume satisfatório dentro do prazo estabelecido. ☐	Executa um volume satisfatório, mas fora do prazo estabelecido. ☐	Executa pouco volume de trabalho e, com frequência, não cumpre os prazos. ☐

Cada opção vale uma quantidade de pontos predefinida, de (0) a (3), perfazendo um máximo de pontos em cada avaliação de 33 pontos.

No caso da GDA, existia uma quantidade de pontos necessária para os valores a serem pagos e, no caso do estágio probatório e da progressão, uma quantidade mínima para garantir a aprovação e/ou a progressão.

O desafio foi grande, eram muitos os obstáculos e barreiras a serem vencidas, mas acreditamos que pelo menos por um bom tempo vencemos e realizamos o que há muitos anos não ocorria neste estado.

Temos absoluta certeza de que já existem formas e sistemas mais evoluídos e complexos, com avaliações por competência, com sistemas de até 360º (trezentos e sessenta graus), mas entendo, tal qual o Paulo Cesar, que para começar a ensinar uma criança a ler e escrever tínhamos que partir do "bê-a-bá".

Fundamental foi a força legal imposta nos decretos citados, uma vez que, criada a determinação legal de exercício efetivo da avaliação, tornou-se imperioso para o servidor público cumpri-la, sob as penas da lei.

Só para dar uma pequena ideia da forma de implantar como força legal, apresento o art. 2º do Decreto de 2014, que diz:

> **Art. 2º** - Todos os servidores da Administração Pública Direta, Autárquica e Fundacional do Poder Executivo Estadual, à exceção daqueles servidores em período de estágio probatório, serão submetidos à Avaliação Periódica de Desempenho.
>
> **§ 1º** - Todos os servidores em período de estágio probatório na Administração Pública Direta, Autárquica e Fundacional do Poder Executivo Estadual serão submetidos à Avaliação Especial de Desempenho.
>
> **§ 2º** - Considera-se satisfatório o aproveitamento mínimo de 60% (sessenta por cento) dos pontos atribuíveis em ambas as modalidades de Avaliação de Desempenho, ficando facultado a cada órgão ou entidade elevar esse percentual através de regulamento próprio.
>
> **§ 3º** - O servidor que, em 2 (duas) avaliações de desempenho individuais consecutivas, obtiver pontuação inferior à prevista no § 2º será submetido a processo de capacitação, sob responsabilidade do órgão ou entidade em que tenha exercício.
>
> **§ 4º** - Os dados referentes à Avaliação de Desempenho serão registrados em módulo específico do Sistema Integrado de Gestão de Recursos Humanos – SIGRH.

> § 5º - Em caso de necessidade de utilização de sistema diverso daquele previsto no § 4º, tal sistema deverá ser validado pela Secretaria de Estado de Planejamento e Gestão – SEPLAG.

Uma de minhas ideias, e cheguei a discuti-la com o Paulo Cesar, era a de apresentar esse desafio como um "case" na Associação Brasileira de Recursos Humanos (ABRH), de forma a dar a publicidade devida a ele, uma vez que considerava fundamental em qualquer sistema ou forma de gestão de pessoas a existência de métricas que avaliem o desempenho e assim identifiquem pontos a serem melhorados e aprimorados nas pessoas que compõem os quadros da organização, mas infelizmente não chegamos a fazê-lo.

Vou mais além. Acredito ainda que por meio de um sistema de AD podemos identificar pessoas certas em posições erradas, possibilitando às áreas de Recursos Humanos não só propor qualificações, treinamentos e capacitações, como também realocação de pessoas em áreas diferentes das que estão lotadas, tendo em vista seu perfil profissional.

10.

A GUERRA DAS CARREIRAS

O quadro de pessoal da Secretaria de Fazenda do Rio de Janeiro é composto de uma mescla de servidores de várias carreiras, com diferenças em alguns benefícios, direitos e vantagens.

Acho que é importante inicialmente traçar quais as carreiras e suas principais atribuições, deveres, direitos e vantagens, novamente com a utilização do método Jack.

Comecemos com o que é chamado de Quadro Complementar, também conhecido como o primo pobre das carreiras.

A Lei nº 5772/2010 instituiu o Quadro Especial Complementar da Administração Direta do Estado do Rio de Janeiro, referente a diversos órgãos, composto de profissionais que integravam diversas leis de carreira.

Assim, por aquela lei foram absorvidos pelo Quadro Especial Complementar os quadros permanentes e suplementares de inúmeras outras leis.

Aqueles novos cargos foram estruturados em níveis, levando em consideração o tempo de exercício no cargo ocupado, apurado em 30 de junho de 2010, sendo que o reenquadramento não foi retroativo.

A progressão horizontal entre os níveis foi regulamentada por ato do Poder Executivo e ocorrerá exclusivamente mediante avaliação de desempenho, após cumprimento, pelo servidor, de interstício mínimo de três anos em atividade no respectivo nível, não sendo computado na contagem de tal tempo o período em que o servidor estiver em gozo de licença sem vencimentos.

Para os ocupantes de provimento efetivo, a remuneração foi composta de: vencimento-base, adicional por tempo de serviço e adicional de qualificação.

Esse quadro é o que apresenta os menores valores salariais e poucos direitos e vantagens.

Um outro quadro é o que é chamado de Quadro Efetivo e que reúne os ocupantes dos cargos de auxiliar de fazenda, agente de fazenda e os atuais analistas da fazenda, antigos oficiais de fazenda.

Esse chamado quadro efetivo foi criado pela Lei nº 830/85 e é na verdade a legalização de quase todos os funcionários que atuavam na Secretaria de Fazenda, oriundos dos mais diversos programas, todos com nomeação discricionária do governo, sem concurso público e alguns até para tarefas pontuais, como o grupo contratado na época dos "Seus talões valem milhões".

Os artigos 1º e 2º daquela Lei são claros e objetivos:

> **Art. 1º** - Fica criado o Quadro Permanente da Secretaria de Estado de Fazenda do Rio de Janeiro, integrado de Carreiras e Classes, cujos quantitativos são os fixados no Anexo I.

> **Art. 2º** - Fica o Poder Executivo autorizado a transpor, por enquadramento no Quadro Permanente da Secretaria de Estado de Fazenda do Rio de Janeiro, na forma estabelecida no Anexo II, os servidores da Administração Direta, enquadrados ou não nos Quadros Permanente e Suplementar instituídos pelo Decreto-Lei nº 408, de 2.2.79, que, em 31.7.84, encontravam-se lotados na Secretaria de Estado de Fazenda.

> **§ 1º** - O ingresso dos servidores de que trata este artigo, mediante transposição, por enquadramento no Quadro Permanente da Secretaria de Estado de Fazenda do

Rio de Janeiro, não interromperá o tempo de serviço, para efeito de promoção, aposentadoria e demais direitos e vantagens.

§ 2º - Ficam extintos, pela transposição dos concorrentes a que se refere o Anexo II desta Lei os cargos dos Quadros Permanente e Suplementar instituídos pelo Decreto-Lei nº 408, de 2.2.79, e empregos cujos ocupantes tiveram sua situação funcional definida como integrantes do Quadro Permanente da Secretaria de Estado de Fazenda do Rio de Janeiro.

A forma de enquadramento obedeceu a uma regra básica, qual seja, todos os que possuíam curso superior ficaram enquadrados como Oficiais, os de nível médio como Agentes e os com curso fundamental incompleto como Agentes.

Foram realizados testes e provas na Fesp, que deu a legalidade dos enquadramentos, criando-se assim um quadro de servidores, sem necessidade de realização de concursos.

Ao longo dos anos, com diversas leis que, além de regulamentar as carreiras, também concedeu outras vantagens, passou a categoria a ter seus vencimentos compostos de: uma remuneração básica, uma parcela variável, por sua inclusão no Regime Especial de Trabalho da Administração Fazendária – Retaf, adicional por tempo de serviço, adicional de Qualificação e PPE (Prestação Pecuniária Especial).

Mas o que vem a ser a Retaf?

A Lei nº 1650/1990 instituiu o Programa Especial de Administração Fazendária – PEAF, com a finalidade de promover e desenvolver as atividades de fiscalização e de aperfeiçoamento da arrecadação regular de tributos.

Por aquele diploma legal, o Secretário de Estado de Fazenda determinaria, em ato próprio, as metas parciais e finais a serem alcançadas pelo Programa, contemplando especialmente os seguintes objetivos:

a. níveis globais de arrecadação a serem buscados em razão de levantamentos efetuados por ramo de atividades ou por qualquer outro indicador válido;

b. níveis de desempenho da Administração Fazendária e de seus servidores expressos em números de contribuintes fiscalizados, valores totais identificados e importâncias efetivamente reclamadas e recolhidas;

c. níveis de interação e funcionamento dos sistemas de tributação, arrecadação, fiscalização, cadastro e informações econômico-fiscais, controle interno e apoio administrativo fazendário;

d. níveis de simplificação e otimização da legislação tributária.

Com base nesses índices e por meio de uma fórmula predefinida, seria apurado o valor variável a ser pago aos ocupantes das carreiras definidas na Lei nº 830/85, entre outras, com as seguintes contrapartidas:

a. Os servidores enquadrados no Retaf estavam sujeitos ao cumprimento, no mínimo, de 40 horas semanais de trabalho, assim como, quando estabelecido, a sistema de rodízio de período diurno e noturno;

b. O comparecimento ao trabalho para os funcionários seria obrigatório aos sábados, domingos e feriados, quando houver escala de serviço, garantido o descanso semanal de 24 (vinte e quatro) horas consecutivas.

Posteriormente, talvez em razão da complexidade de apuração dos resultados ou até do fato de não haver àquela época resultados a apurar, o valor da Retaf ficou fixo e indexado à Uferj e finalmente à Ufir, passando a ser um valor fixo e indexado, com correção anual.

Uma outra carreira, oriunda da Lei nº 830/85, era a de analista de Controle Interno, criada pela Lei nº 5.756/2010, que incorpora a Retaf à remuneração básica e promove um reenquadramento de todos os antigos contadores como analistas de Controle Interno e dos técnicos em Contabilidade em agentes de Controle Interno.

Essa carreira, após a criação da Controladoria-Geral do Estado deixou a Sefaz e hoje são os chamados Auditores do Estado.

De carona nessa lei (5.756/2010), os citados fazendários (do quadro efetivo) conseguem garantir para eles o adicional de qualificação e a PPE até um máximo de uma remuneração total a cada semestre e o chamado auxílio-moradia para os que trabalham em postos fiscais.

O grande complicador nessa história é que na Lei dos Analistas de Controle Interno os fazendários asseguram o direito ao adicional de qualificação (que faz parte da lei) como também a PPE e auxílio--moradia, que não fazem parte desta Lei.

Temos ainda no quadro da Fazenda os analistas em finanças públicas, categoria criada pela Lei nº 5.355/2008. Essa Lei criou a carreira de especialista em Políticas Públicas e Gestão Governamental, Planejamento e Orçamento, a carreira de especialista em Finanças Públicas e a carreira de especialista em Gestão de Saúde, constituídas de cargos de provimento efetivo, todos de nível superior.

A carreira de especialista em Políticas Públicas e Gestão Governamental, Planejamento e Orçamento integrada pelos seguintes cargos: especialista em Políticas Públicas e Gestão Governamental; e analista de Planejamento e Orçamento, com atuação na Secretaria de Planejamento e Gestão, podendo ser alocados na Administração Pública como um todo.

A carreira de especialista em Finanças Públicas integrada pelo cargo de analista em Finanças Públicas, com atuação exclusiva na Secretaria de Fazenda, e a carreira de especialista em Gestão de Saúde integrada pelo cargo de especialista na Gestão de Saúde, com campo de atuação na Secretaria de Saúde.

Essa carreira tem em sua organização um concurso que pressupõe prova de títulos e curso de formação eliminatório, e é reconhecida pelo Governo, como o futuro da Administração Pública.

Em sua remuneração total, foi suprimido o adicional de tempo de serviço, ficando composta de: vencimento-base; Gratificação de Desempenho de Atividade – GDA; e Adicional de Qualificação – AQ.

É uma carreira *sui generis* no Estado, e existem alguns componentes inusitados nas regras de promoção, que exigem, além das avaliações de desempenho naturais, os seguintes critérios:

Art. 12. São pré-requisitos mínimos para promoção às classes subseqüentes à inicial dos cargos que integram as Carreiras criadas por esta Lei, observado o disposto em regulamento:

I - da Classe A para a Classe B, alternativamente:

a) possuir curso específico de pós-graduação lato sensu, ministrado preferencialmente pela Fundação Escola de Serviço Público do Estado do Rio de Janeiro – FESP RJ, sob a supervisão dos órgãos gestores das carreiras, ter obtido resultado satisfatório em 80% (oitenta por cento) das avaliações periódicas de desempenho individual realizadas durante a sua permanência na classe A e possuir qualificação profissional com experiência mínima de 7 (sete) anos e 6 (seis) meses no campo específico de atuação do cargo ocupado; ou

b) possuir curso específico de pós-graduação lato sensu, ministrado preferencialmente pela Fundação Escola de Serviço Público do Estado do Rio de Janeiro – FESP RJ, sob a supervisão dos órgãos gestores das carreiras, ter obtido resultado satisfatório em mais de 50% (cinqüenta por cento) das avaliações periódicas de desempenho individual realizadas durante a sua permanência na classe A e possuir qualificação profissional com experiência mínima de 10 (dez) anos e 6 (seis) meses no campo específico de atuação do cargo ocupado.

II - da Classe B para a Classe C, alternativamente:

a) ter obtido resultado satisfatório em 80 % (oitenta por cento) das avaliações periódicas de desempenho individual realizadas durante a sua permanência na classe B e possuir qualificação profissional com experiência mínima de 16 (dezesseis) anos e 6 (seis) meses no campo específico de atuação do cargo ocupado;

b) ser detentor de título de mestre obtido em programas de pós-graduação stricto sensu relacionados diretamente com a área de atuação dos integrantes das carreiras de que trata esta Lei, ter obtido resultado satisfatório em 80% (oitenta por cento) das avaliações periódicas de desempenho individual realizadas durante a sua permanência na classe B e possuir experiência mínima de 15 (quinze) anos e 6 (seis) meses no campo específico de atuação do cargo ocupado; ou

c) ter obtido resultado satisfatório em mais de 50 % (cinqüenta por cento) das avaliações periódicas de desempenho individual realizadas durante a sua permanência na classe B e possuir experiência mínima de 19 (dezenove) anos e 6 (seis) meses no campo específico de atuação do cargo ocupado.

III - para a Classe Especial, alternativamente:

a) ter obtido resultado satisfatório em 80 % (oitenta por cento) das avaliações periódicas de desempenho individual realizadas durante a sua permanência na classe C e possuir qualificação profissional com experiência mínima de 25 (vinte e cinco) anos e 6 (seis) meses no campo específico de atuação do cargo ocupado; ou

b) ser detentor de título de mestre obtido em programas de pós-graduação stricto sensu relacionados diretamente com a área de atuação dos integrantes das carreiras de que trata esta Lei, ter obtido resultado satisfatório em 80% (oitenta por cento) das avaliações periódicas de desempenho individual realizadas durante a sua permanência na classe C e possuir experiência mínima de 24 (vinte e quatro) anos e 6 (seis) meses no campo específico de atuação do cargo ocupado; ou

c) ser detentor de título de doutorado obtido em programas de pós-graduação stricto sensu relacionados diretamente com a área de atuação dos integrantes das carreiras de que trata esta Lei, ter obtido resultado satisfatório em 80% (oitenta por cento) das avaliações periódicas de desempenho individual realizadas durante a sua permanência na classe C e possuir experiência mínima de 23 (vinte e três) anos e 6 (seis) meses no campo específico de atuação do cargo ocupado; ou

d) ter obtido resultado satisfatório em mais de 50 % (cinqüenta por cento) das avaliações periódicas de desempenho individual realizadas durante a sua permanência na classe C e possuir experiência mínima de 28 (vinte e oito) anos e 6 (seis) meses no campo específico de atuação do cargo ocupado.

Finalmente chegamos à carreira dos atuais auditores fiscais da Receita Estadual, antigos fiscais de renda.

A carreira foi regulada efetivamente em 1990, com a Lei Complementar nº 69, que definiu um conjunto de regras, atribuições, deveres, direitos e vantagens para os ocupantes dessa carreira.

Efetivamente, antes de 1990, existiram fiscais de renda admitidos por nomeação e por transposição de cargos, mas que passaram a ser regulados pela citada Lei Complementar, realizando-se então o primeiro concurso público para a função.

Curiosamente, somente quase 18 anos depois, em 2007, foi realizado o segundo concurso para a função, tendo em vista a necessidade de reforçar e oxigenar os quadros fiscalizatórios da Fazenda, seriamente abalado após o escândalo do chamado propinoduto.

A Lei Complementar nº 69/90 é uma verdadeira camisa de força, que necessita urgentemente de alguns ajustes, que devem ser feitos em seu texto.

Após a edição da LC nº 69/90, uma série de leis complementares, leis e decretos vieram a ajustar alguns pontos, e hoje vemos que a composição da remuneração dos auditores fiscais é composta de: vencimento básico, um valor variável chamado de Produtividade, adicional por tempo de serviço, PPE, auxílio-moradia para quem está lotado em barreiras fiscais, além de benefícios como auxílio-alimentação e auxílio-transporte.

A história da produtividade é idêntica à da Retaf. Tratava-se de uma parcela variável, que dependia de uma série de fatores e de cálculos para sua obtenção, e no fim acabou se tornando uma parcela fixa reajustada anualmente pela Ufir.

A simples leitura dos direitos e vantagens de cada categoria identifica os diversos pontos de atrito entre elas, o que faz do ambiente corporativo um autêntico retrato feudal, cada qual cuidando de seus interesses e procurando suas vantagens, em total falta de sincronia entre as classes e de uma visão absolutamente medíocre no que concerne aos recursos humanos.

A diversidade de direitos e vantagens é tão grande que de uma certa forma é um verdadeiro desafio gerenciar os recursos humanos na Sefaz.

Criatividade, jogo de cintura e muita paciência são as chaves do segredo, uma vez que tenho absoluta certeza de que recebia pelo menos 10 a 15 questionamentos por dia sobre direitos que uns têm, e outros, não.

A guerra entre eles é velada, silenciosa e constante, quase que secreta, apesar de muito reservada.

Eram analistas de Controle Interno que reclamavam dos benefícios dos auditores fiscais, os fazendários que reclamavam dos analistas de Controle interno, outros que reclamam destes, e outros que ainda têm coragem de falar mal dos pobres coitados do quadro complementar.

Em 2014, participei de um trabalho em conjunto com o meu subsecretário-geral da época (Paulo Tafner) em que tentamos, em negociações em paralelo, rever a lei dos Fazendários e a dos auditores fiscais. Nosso objetivo era procurar ajustar inúmeros dispositivos, com a utilização da Lei dos Analistas em Finanças Públicas e do de Controle Interno, de forma a procurar reduzir o abismo de direitos e vantagens existente e criar uma tabela salarial que também fosse capaz de reduzir as injustiças e buscasse uma progressividade natural entre as carreiras.

Quase fomos massacrados, alijados sumariamente das negociações com ambas as categorias e esquecidos na esquina da vida.

Assim, no final do ano, foi editado um pacote de medidas que só veio a aprofundar a vala existente entre os "fiscais" e o restante das categorias.

11.

A INFLUÊNCIA DAS ELEIÇÕES NA ADMINISTRAÇÃO, OS EXTRAQUADROS E SUA IMPORTÂNCIA PARA FAZER O TRABALHO QUE NINGUÉM QUER

Uma das principais dificuldades para fazer gestão e administrar um órgão público são as eleições, uma vez que sempre existe a possibilidade de troca do secretário, mesmo em caso de reeleições e em eleição de candidatos do mesmo partido.

Entre os servidores efetivos, a síndrome do martelo e do prego cresce nesse momento, o que causa uma letargia impressionante no ritmo de trabalho e na administração de suas repartições e órgãos.

Até que estejam estabelecidas as novas forças de poder, ou mesmo que sejam confirmadas as antigas, todo o corpo funcional se recolhe, aguardando o que virá a ser o novo jogo de poder.

Essa letargia acontece em média um mês antes das eleições e se estende até três meses após a posse do novo governante.

Agora, se existe esse problema com relação aos efetivos, é de se imaginar no caso dos chamados extraquadros.

Importante aqui explicar o que são os chamados extraquadros.

De uma maneira simples e direta, podemos conceituar os extraquadros como servidores nomeados pelo governador para cargos de chefia, supervisão ou assessoramento, o que na verdade nos demonstra que a conceituação como extraquadro é equivocada, uma vez que pertencem ao quadro, mas sua admissão se deu por nomeação, podendo ser exonerados a qualquer tempo, sem que tenham as garantias mínimas da legislação trabalhista.

Geralmente são pessoas de confiança dos gestores ou profissionais indicados para ocupar posições de destaque nas repartições, ou ainda pessoas indicadas para ocupar as chamadas posições de assessoramento, mas que na verdade ocupam posições menos nobres como de secretariado, assistentes ou auxiliares, atuando no dia a dia do órgão e realizando tarefas que geralmente os "efetivos" se recusam a executar.

Essas tarefas, de trabalhar no arquivo, no DP, em RH, em serviços (zeladoria, manutenção, transporte incluindo motoristas, telefonia, informática etc.), são geralmente menosprezadas pelos chamados fazendários, que se consideram superiores a essas posições menos nobres.

Esse problema é antigo e vem se arrastando há anos, razão pela qual durante muito tempo existiram aqui os chamados Nusegs, dos quais já falei anteriormente.

A entrada de mais analistas de Controle Interno e mais analistas da Fazenda reduziu em muito a dependência dos comissionados, que ainda é grande, uma vez que na verdade a máquina gira em razão deles.

O risco de nepotismo sempre existe, mas na Sefaz todo extraquadro ao ser contratado é obrigado a assinar uma declaração de que não tem parentes diretos trabalhando no estado, e sua contratação depende desse documento.

De toda sorte interessante é estudar um pouco o regime de contratação.

Esses profissionais são contratados sem que seja assinado nenhum contrato. Seu ingresso no Estado é a sua nomeação no Diário Oficial, da qual ele recebe uma cópia.

Ele tem a garantia de receber 13 salários anuais, e 1/3 constitucional quando das férias. Do seu salário é recolhido o Imposto de Renda e o INSS do empregado.

Não existe carteira de trabalho assinada.

Quando de sua exoneração, recebe apenas os dias trabalhados naquele mês e as férias, e décimo terceiro proporcional.

Apesar dessas condições precárias, existem extraquadros com mais de 20 anos de dedicação exclusiva na Fazenda. Eu mesmo permaneci por 13 anos.

Existem pessoas que começaram como estagiários FIA (menor aprendiz) e permanecem até hoje, uns em posições ainda simples e outros que chegaram até a posição de coordenadores e superintendentes.

Não resta dúvidas de que eles hoje ainda são fundamentais para que a secretaria funcione normalmente, que as luzes e a parte elétrica funcionem, que os elevadores e banheiros estejam bem, que a empresa de conservação e limpeza tenha feito seu trabalho corretamente, que as copeiras estejam prontas, que as folhas de ponto estejam em seu lugar, que enfim seu pagamento seja realizado sem erros e na data correta.

No caso específico da Sefaz, podemos incluir: que os editais e os concursos estejam corretamente planejados e executados; que os cursos e treinamentos estejam aprovados e pagos; que as avaliações de desempenho estejam sendo processadas; que os adicionais de qualificação estejam aprovados e pagos. Que, em resumo, todas as condições necessárias ao trabalho de arrecadação estejam operacionais (inclusive sistemas) para que a Fazenda possa efetuar suas funções principais de arrecadar, controlar e pagar.

Acredito que poderia utilizar várias páginas com exemplos e histórias de inúmeros extraquadros que exercem com presteza, integridade e correição o seu trabalho, mas entendo que nesse caso o anonimato é importante, até para preservá-los e garantir que possam continuar a exercer seu trabalho sem riscos futuros.

Acredito que posso resumir dizendo que com certeza devemos ter inúmeros EX com mais de 20 anos de trabalho na Sefaz, trabalhando dia a dia, com este ou aquele no governo, pelo simples fato de que é difícil alguém querer o lugar de uma pessoa que tem uma carga de trabalho pesada no dia a dia e que tem que colocar a cara a tapa caso alguma coisa saia errada.

A única afirmativa que não pode calar é que sem eles a Fazenda para!

12.

É POSSÍVEL TRABALHAR MOTIVAÇÃO NO SERVIÇO PÚBLICO?

Logo que lancei meu livro *Motivação no Trabalho*, nem sonhava em um dia trabalhar em um órgão ou repartição de serviço público, mas uma pergunta sempre era feita nas palestras que eu dava para promover o livro: como motivar o serviço público?

Minha resposta sempre foi um pouco vaga, uma vez que na verdade eu não tinha a menor ideia do que responder, até porque nunca havia convivido com esse tipo de vínculo.

Antes de discutir mais profundamente o assunto, entendo que é necessário entender que eu não sou partidário da corrente que afirma que "ninguém motiva ninguém", que motivação tem que nascer na própria pessoa.

Eu acredito, sim, que podemos não só estimular a motivação, como criar nas pessoas um sentimento de motivação no exercício de seu trabalho.

Entendo ainda que a motivação não necessita de uma pessoa específica que venha a motivar, ou que dependa de um líder motivador. Não, muitas vezes a motivação nasce pela empresa em que você trabalha, pela alma da empresa que você incorpora e independentemente do valor do salário, das vantagens, dos benefícios, do reconhecimento pessoal, que lhe dão o combustível necessário para incendiar a sua motivação e fazer você se doar de tal forma e com tanta garra que acaba por se tornar um *case* especial.

Passei por isso durante o tempo em que trabalhei na Casa & Video, em um momento em que a empresa se tornou um *case* fenomenal, com um crescimento de vendas e de mercado incomparável, tornando-a um dos maiores *players* de varejo do Brasil, apesar de ser essencialmente regional.

Naquela época, final dos anos 90, apesar de pagar salários abaixo do mercado, ter um turno de trabalho altamente pesado, escritórios e lojas sem conforto e com padrões abaixo da média, iniciando a migração de lojas de atendimento (geralmente localizadas em sobrelojas apertadas) para grandes lojas de autosserviço, como a construída no local do antigo cinema Opera, na praia de Botafogo, ou a do Recreio e do Norte Shopping, Grande Rio Shopping e em Copacabana, a C&V era um *case* absoluto de sucesso.

Maior exemplo desse sentimento e dessa emoção de se sentir orgulhoso de sua empresa foi passado na festa de dez anos da empresa, que realizamos no Scala.

Foram convidados todos os 1.500 funcionários e suas mulheres ou maridos, que lotaram o Scala e mantiveram uma emoção constante das nove da manhã às nove da noite.

Independentemente dos prêmios que sorteamos, do café da manhã, do almoço e da banda que encerrou o dia, reunimos mais de 90% dos funcionários sem que houvesse nenhum ato ou ação desabonadora, num pique de alegria e felicidade ímpar, apesar de ser um feriado nacional (7 de setembro) e de no dia seguinte todas as lojas abrirem em seus horários normais.

O sentimento e o combustível que moviam todos aqueles 1.500 funcionários eram trabalhar em uma empresa que era líder de vendas e que estava conseguindo ficar na frente da gigante *Lojas Americanas* (no Rio de Janeiro).

Era um sentimento de orgulho de trabalhar lá. Não de ter um grande líder, até porque os donos não gostavam de aparecer e assim não perdiam suas individualidades, o que lhes possibilitava não precisar de seguranças, de poder andar de táxi e até de ônibus.

Um outro exemplo, este mais calcado no líder que comanda a empresa, era a Amil, empresa altamente motivada e líder em seu setor de atuação, com um alto grau de motivação baseado no orgulho de ter como líder o Edson Bueno.

E o setor público? Como trabalhar motivação em servidores cujos líderes são trocados pelo menos a cada quatro anos, onde a "empregadora" não tem mecanismos motivacionais ao alcance de suas ações gerenciais?

Motivações financeiras por desempenho excepcional e discricionárias são impossíveis de serem aplicadas em razão das carreiras e das legislações que as regem.

Orgulho de pertencimento em quadros geralmente antigos e "cansados de guerra" é algo que inexiste.

Motivação por ter um grande e carismático líder é ficção científica.

Como ajudar a fazer a motivação acontecer?

Um quadro de pessoal sem oxigenação por quase 20 anos e um sentimento de impotência e descrédito em razão dos fatos ocorridos nesse tempo e dos escândalos como o propinoduto.

Remunerações congeladas, enquadramentos salariais e promoções congeladas, um sindicato político que se recusa a ser "assistencial", falta de reconhecimento dos gestores e falta de vontade de trabalhar da maior parte dos servidores.

Nada mais desmotivante que o cenário que encontramos...

O que fazer?

Após esse diagnóstico, a aplicação de medidas urgentes se faziam necessárias.

Assumir o caráter assistencial que o Sindicato se recusava a ter foi uma delas. O simples fato de começar a procurar restaurantes e outros comércios e fechar "convênios" para descontos em refeições, compras e serviços começou a mudar o mundo.

Na verdade, chegar a um restaurante ou outra loja que seja e conseguir um desconto "por ser da Fazenda" começou a fazer a diferença. Ser da Fazenda começa a ser importante e a ter "valor"!

Um outro aspecto importante foi o programa de servidor do mês, com *coffee break* com a presença do secretário, e o reconhecimento dos mais antigos com o programa "Gente que fez a nossa história" colaborou mais ainda no resgate do sentimento de ser fazendário.

Completamos o ciclo de aumentar a autoestima com o "Café com o Secretário", ou seja, os programas criados para relacionamento interno e de resgate da imagem do secretário serviram ainda para o resgate do orgulho dos próprios servidores.

As matérias do jornal interno, o programa do aniversariante do mês, o grupo de discussão e as visitas às obras da nova sede da Fazenda, migrando de uma situação em que as condições de trabalho eram sofríveis para aquelas que seriam consideradas as mais modernas do Estado, devolveram o orgulho do pertencimento.

Os eventos especiais no dia da mulher e do servidor público, bem como as campanhas de doação de sangue, da saúde e de Natal, passaram a fazer a diferença e identificar pessoas que tinham e têm prazer em trabalhar na Fazenda.

Mas isso não era tudo.

Começar a colocar em dia os enquadramentos e promoções (parados por mais de uma década) e implantar os adicionais de qualificação (que estimulam o aprendizado) e a GDA (Gratificação por desempenho de Atividade), esse nas novas carreiras, foram ações que vieram a somar tudo que estávamos fazendo.

Finalmente, democratizar e dar transparência aos cursos de qualificação e aprimoramento profissional, com a implantação da LNT (Levantamento de Necessidades de Treinamento) e seu consequente PAC (Programa Anual de Capacitação) veio a coroar a empreitada.

Agora todos sabiam os cursos que iríamos disponibilizar, e todos podiam se candidatar a eles, com o fim do QI (quem indica) e dos apadrinhados.

Para isso a regulamentação de tais atividades foi crucial, dando o caráter oficial e o poder de lei para criar a credibilidade necessária.

Todas essas ações em menos de seis anos de atuação resgataram e dotaram a maioria dos servidores do orgulho de pertencer, não por um líder, mas pela instituição, que voltou a ser respeitada, e com isso eles também voltaram a ser respeitados, gerando motivação.

É claro que não nadamos em um mar de rosas vermelhas, como nenhuma empresa nada, mas passou a existir uma grande parte dos servidores que tinha esse orgulho, que são motivados e que fazem da Sefaz, com certeza, um dos melhores lugares para se trabalhar no setor público.

Assim, caso hoje eu tenha que responder à pergunta sobre motivação no setor público, não terei dúvidas em responder: sim, é possível criar um ambiente motivacional e motivar servidores públicos. Tudo depende de querer, de arregaçar as mangas e trabalhar a motivação.

Hoje, não tenho dúvidas de afirmar que na maior parte dos servidores existe orgulho em ser da Sefaz, existe lá no fundo do olho uma chama acesa e intensa que mantém viva a vontade de fazer o melhor e ter o orgulho de pertencimento.

Mesmo em inúmeros profissionais advindos de empresas como a Petrobras, Vale, Ipiranga, Light e outras, existe um sentimento de orgulho em ser Sefaz, em pertencer aos quadros de uma instituição que procura oferecer aos seus colaboradores todas as chances e ferramentas para alcançar os mais elevados índices de capacitação e conhecimento, que tenham a possibilidade de fazer a diferença.

A motivação hoje está incrustada em uma nova geração de servidores, que oxigenaram a instituição, rompendo com velhas práticas e antigas alianças, renovando mentalmente os quadros remanescentes de outras gerações, unindo a defesa da classe com a necessidade de desenvolver suas atividades.

Claro que existem exceções, encontradas nas pessoas mais antigas e até nos mais novos, que buscam uma carreira pública atrás de estabilidade e pleno emprego, do tipo que ao ser aprovado em um certame público exclama: "Pronto, me aposentei!"

Mas são exceções que tendem a minorar com mais e mais concursos.

13.

CONCLUSÃO

Bem, estamos chegando ao fim deste breve relato da minha experiência enquanto governo, desde o momento de minha chegada para a primeira entrevista com a Manon Guedes, passando pela sabatina dos subsecretários, a entrevista com o Joaquim Levy, até o ano de 2024, ocasião em que terminei de escrever este relato não fazendo mais parte dos quadros da Sefaz, ressaltando que em 2016 aquele RH acabou e voltou a ser um órgão cartorário, encerrando o sonho que vivemos.

Sei que rolou muita água por baixo dessa ponte, mas foi plantada uma semente, e os frutos que colhemos é a excelência do pessoal até hoje em atividade na Sefaz,

Nesse momento final de reflexão, existe um fato inconteste: o espaço fenomenal para a atuação dos profissionais de Recursos Humanos nos órgãos governamentais, que ainda confundem, na sua maioria, gestão de recursos humanos com gestão de folha de pagamentos e departamento pessoal.

Os mitos da área pública vêm ruindo ao longo dos anos, dando espaço para a adoção de práticas modernas de gestão de pessoas, tais como a meritocracia, avalições de desempenho, gratificação por desempenho de atividades, remuneração por resultados, adicionais de qualificação, avaliações comportamentais e remuneração estratégica.

Mas ainda é pouco. Precisamos avançar mais, demonstrar tudo o que as práticas de gestão de pessoas podem contribuir para a modernização e o desenvolvimento do serviço público.

Por essa razão, entendi a necessidade de escrever este livro e poder contar um pouco das histórias que vivenciei nestes últimos anos, quase como um documento de alerta aos nossos governantes, uma vez que todas as experiências deste livro ocorreram em uma, senão a mais importante secretaria de estado, que é a da Fazenda, e no Rio de Janeiro, um dos estados mais importantes do Brasil.

Constatar que, apesar de sempre ter havido fortes investimentos em capacitação e treinamento, nunca haviam realizado um simples levantamento de necessidade. Nunca terem apresentado um plano de capacitação foi estarrecedor.

Constatar a falta de critérios para uma lotação, sem ao menos uma análise curricular; a falta de um sistema de avaliação de desempenho que determinasse parâmetros para progressões, promoções e reenquadramentos; a falta de um sistema de avaliação de pedidos de participação em congressos e seminários foi assustador.

Descobrir que uma das representações sindicais atuantes é totalmente politizada, que não tem a menor preocupação com seus associados e que fazia questão de dizer que não pratica e é contra a prática de ações assistenciais aos seus filiados, que era e permanece sendo um feudo político de uma pessoa só, foi incrível!

Ser apresentado e conhecer a teoria do "Prego e do Martelo", que norteia o resultado das avaliações de desempenho no serviço público, foi mais uma das surpresas que me esperavam.

Ter a certeza de que existem inúmeros profissionais excepcionais, que logo após serem aprovados em um dos mais difíceis e qualificados certames do Brasil passam a ter atitudes completamente diferentes das que apresentavam na iniciativa privada, por entenderem que a garantia da estabilidade lhes confere um status de intocáveis, imexível e de verdadeiro aposentado da ativa.

Entendo que nesse ponto cabe mais uma pequena história, que tão bem representa tal realidade.

Um belo dia fui chamado por uma diretora de um setor para conversar sobre um de seus subordinados. Servidor novo, com boa formação e um futuro brilhante pela frente.

Ela me contou que descobriu que há algum tempo ele comparecia ao seu setor de trabalho pela manhã, assinava a folha de ponto e pouco tempo depois desaparecia, apesar de manter o computador ligado e alguns de seus pertences sobre a sua mesa.

Em pouco tempo, descobrimos que na verdade, após chegar à secretaria, responder alguns e-mails e despachar poucos processos, retirava-se dela, só retornando no dia seguinte.

Aproveitando uma brecha na lei, que define que caso o servidor se ausente de seu posto de trabalho, sem estar em alguma atividade externa oficial, por um certo lapso de tempo, pode a administração declarar falta naquele dia. Foi consignado em sua folha de ponto um total de dez faltas no mês.

Com essa consignação, foi o seu cartão enviado para Recursos Humanos, e solicitei a abertura de sindicância em razão das dez faltas (caso para exoneração).

Solicitada a abertura de sindicância, chamei o servidor para conversar e informei a ele do assunto e da abertura da sindicância, esclarecendo ainda que a chamada "estabilidade" não era um direito amplo, geral e irrestrito, e que ele em razão das faltas poderia ser exonerado pelo bem do serviço público.

No mesmo dia, ele pediu exoneração para se livrar do processo e não ter essa mancha em seu dossiê, uma vez que ele havia passado em outro concurso e estava apenas fazendo hora até ser chamado e essa anotação inviabilizaria sua posse no outro certame.

Fora este, existem inúmeros outros casos em que o servidor após ser aprovado e tomar posse se acha aposentado e sem obrigações, com a certeza de que nunca terá uma avaliação ruim, tendo em vista o corporativismo do sistema e o princípio do "prego e do martelo", ou seja: "Hoje eu sou martelo, mas amanhã posso ser prego".

Assim, desenhar sistemas de avaliação que procuram contornar as avaliações graciosas, incrementar medidas de desempenho, definir metas a serem alcançadas e garantir o constante aprimoramento do quadro de pessoal são ações que ajudam e ajudaram a reduzir o princípio do "prego e do martelo", das aposentadorias precoces e da falta de cobrança por resultados.

Falta muito ainda, com certeza, mas não tenho dúvidas de que a cada dia que passa as coisas caminham para uma mudança total de paradigma, e poderemos ter cada vez mais profissionais altamente motivados, qualificados e empenhados em dotar o serviço público das melhores práticas de gestão de pessoas.

Acredito, finalmente, que durante o tempo que permaneci à frente do RH da Sefaz contribuí com todo o meu carinho e meus conhecimentos e experiência para tanto, razão pela qual me sinto altamente recompensado por ter aceitado o convite que o Joaquim me fez, às vésperas do carnaval de 2009.

Passados todos esses anos, quero agradecer aos colaboradores que me acompanharam nesta jornada, que fizeram e fazem parte, ou não, da minha equipe no RH: a Katia Rebelo e toda sua equipe da Coordenação de Administração Pessoal; a Debora Gonçalves e equipe do DGAF; ao Eugenio Machado e equipe da AGE; ao Francisco Iglésias e equipe da CGE; ao Paulo Cesar Medeiros e sua equipe da Subsecretaria de Desenvolvimento de Carreiras e Pessoas; e ao Edson Teramatsu e equipe da Subsecretaria de Gestão de Pessoas, ambas da Seplag.

Quero fazer ainda um agradecimento especial à Escola Fazendária, pela parceria em todos esses anos, desde a Lucia Figueiredo, Valeria Rezende, Natalia Caninas, Cecilia Goia e respectivas equipes.

Importante ainda agradecer àqueles que, ao longo desses anos, acreditaram no meu trabalho e me deram todas as condições para exercê-lo de forma digna e produtiva, como a Manon Guedes, Fabricio Leite, Paulo Tafner, Luis Carlos Capella, Francisco Caldas, Eugenio Machado, e Julio Mirilli e aos secretários Renato Villela e Sergio Ruy Barbosa.

Agradeço ainda a todos os servidores da Sefaz, de todas as carreiras e aos extraquadros, que sempre confiaram na Coordenação de Recursos Humanos, apoiando e incentivando o trabalho desenvolvido e ajudando nas mais diversas situações do dia a dia.

Quero ainda prestar uma homenagem especial ao pessoal da Ouvidoria com quem convivi nos últimos anos, ajudando a montar e criar uma atividade que, além de ganhar prêmios e desenvolver um programa referência no Brasil (Ouvindo a Ouvidoria), levou o meu chefe Eugenio Machado à posição de ouvidor-geral do Estado.

As meninas da Ouvidoria com quem convivi nesses últimos anos o meu muito obrigado: Thais, Dayene, Manoela e Karina foi muito bom trabalhar com vocês.

Finalmente, um agradecimento muito especial ao Joaquim Levy, principal responsável por tudo isso, que acreditou na proposta de trabalho e me deu liberdade de poder iniciar e plantar tudo o que conseguimos colher ao longo destes anos. Com quem aprendi muito ao longo de nossa convivência. Sem dúvida uma das mentes mais brilhantes que conheci ao longo de minha vida, detentor de uma inteligência estratégica impressionante.

Muito obrigado!

14.

ANEXOS

Resoluções, Decretos e Portarias:

1. Resolução SEFAZ nº 362, de 3 de janeiro de 2011. Sistematiza e consolida as diretrizes e a regulamentação aplicáveis à formação continuada e o desenvolvimento dos servidores da Administração Fazendária do Estado do Rio de Janeiro e dá outras providências.

2. Resolução SEFAZ nº 606, de 7 de março de 2013. Regulamenta a participação de servidores da Secretaria de Fazenda do Estado do Rio de Janeiro em seminários, congressos e similares.

3. Resolução SEFAZ nº 785, de 27 de agosto de 2014. Disciplina e regulamenta a participação de servidores da administração em cursos de mestrado e doutorado.

4. Decreto nº 44.114, de 13 de março de 2013. Disciplina as atividades temporárias de instrutoria interna em ações de capacitação no âmbito da Administração Fazendária, e dá outras Providências.

PROJETOS BÁSICOS (TERMOS DE REFERÊNCIA)

1. Projeto de Gestão de Mudanças elaborado para suportar a mudança de endereço da SEFAZ e as alterações culturais e comportamentais envolvidas na mesma;

2. Aquisição de 100 licenças para uso imediato da ferramenta disc e-talent, bem como contratação para aquisição por demanda da citada ferramenta, para complementação do trabalho de mapeamento de perfis dos servidores da secretaria de fazenda do estado do rio de janeiro

1. RESOLUÇÃO SEFAZ Nº 362, DE 03 DE JANEIRO DE 2011

Sistematiza e consolida as diretrizes e a regulamentação aplicáveis à formação continuada e o desenvolvimento dos servidores da Administração Fazendária do Estado do Rio de Janeiro e dá outras providências.

O SECRETÁRIO DE ESTADO DE FAZENDA no uso de suas atribuições legais, observado os dispostos legais, e tendo em vista o que consta do Processo Administrativo E- 04/008.362/2010

RESOLVE:

Art. 1º A participação em atividades de Treinamento e Desenvolvimento de Recursos Humanos como Cursos, Treinamentos, Seminários, Simpósios, Congressos e outros eventos que visem à formação e desenvolvimento continuado obedecerão às diretrizes e aos critérios abaixo, sem prejuízo de outros que se extraiam deste regulamento:

I – compatibilidade do evento - curso, congresso, seminário, palestra, ou evento similar – com o Plano Anual de Capacitação e Treinamento da Secretaria Estadual de Fazenda do Rio de Janeiro e com os interesses da administração fazendária, bem como com a formação técnico-profissional do servidor pretendente ou da função que ocupa;

II – prioridade de participação em eventos que constituam agregação de novos conhecimentos, mediante temáticas inovadoras para o próprio pretendente, sem prejuízo para a participação em eventos de atualização ou reciclagem;

Art. 2º A participação nos seminários, congressos e cursos de curta e média duração, ou seja, aqueles com carga horária máxima de até 96h. (noventa e seis) horas, dos servidores fazendários efetivos, comissionados e à disposição em serviço na SEFAZ será definida mediante processo seletivo, observando os seguintes requisitos:

I – trabalhar em área correlata ao evento do qual pretende participar;

II – ser indicado pela unidade gerencial e referendado pelo Subsecretário a que estiver

subordinado;

III – não ter registrado evasão ou abandono em eventos e/ou cursos anteriormente custeados pela SEFAZ.

Art. 3º Os cursos de pós-graduação promovidos pela SEFAZ serão formatados com vistas às necessidades de capacitação que atendam aos campos de desenvolvimento definidos e de interesse e aplicação em mais de uma área fazendária e distribuída de forma a dar oportunidade de participação eqüitativa dos servidores.

Art. 4º Os cursos de pós-graduação ofertados através de compra de vagas atenderão exclusivamente demandas específicas e imprescindíveis à consecução de objetivos estratégicos e que não possam ser ministrados através de cursos de curta ou média duração. Essas aquisições serão limitadas e compatíveis com disponibilidade orçamentária do ano. As vagas serão preenchidas de acordo processo seletivo, conduzido pela Coordenação de Recursos Humanos e dependerão de autorização do Secretário de Fazenda.

Art. 5º A participação dos servidores, nos cursos de pós-graduação custeados pela SEFAZ, será autorizada somente se cumpridos os critérios abaixo, além dos previstos nesta

Resolução:

I – ser servidor efetivo de um dos cargos de carreira da SEFAZ;

II – não ter punições administrativas disciplinares nos últimos 2 (dois) anos;

III – não ser simultânea com cursos de especialização e mestrado;

IV – não ter tido financiamento anterior de 2 (duas) especializações ou 1 (uma) especialização e 1 (um) mestrado;

V – não ter concluído curso de pós-graduação, custeado pela SEFAZ, em prazo inferior a 4 (quatro) anos, no caso de curso de mestrado e inferior a 2 (dois anos), no caso de cursos de especialização.

Parágrafo Único – excepcionalmente, no estrito interesse da administração pública, poderá ser autorizada pelo Secretário de Estado de Fazenda a participação de servidores que não cumpram todos os critérios acima em cursos de pós-graduação custeados pela SEFAZ.

Art. 6º Ao servidor efetivo, que participar de curso de pós-graduação (MBA inclusive) não será concedida, durante o período do curso e, após a conclusão deste, por prazo igual ao dobro de sua duração, licença para tratar de interesse particular, salvo se ressarcidas todas as despesas incorridas pela SEFAZ em decorrência da participação do servidor no referido curso.

Art. 7º O superior hierárquico indicará ao Subsecretário responsável pela área, os nomes dos servidores efetivos para participação em curso de pós-graduação demandada pela Unidade, que deverão fazer parte do processo seletivo realizado pela SEFAZ ou instituição de ensino superior, quando houver, ouvida a Coordenação de Recursos Humanos.

Parágrafo Primeiro – Após o parecer da CRH e a aprovação do Subsecretário responsável, a solicitação será levada a aprovação do Sr. Secretário da Fazenda.

Parágrafo Segundo – No caso de áreas de subordinação direta ao Secretário que não tenham o status de Subsecretaria, a aprovação prévia a do Secretário será a do gestor da área.

Parágrafo Terceiro – Em curso fechado de pós-graduação no qual ocorrerem vagas excedentes, a CRH fará a divulgação e a seleção conforme os critérios definidos.

Art. 8º O tema da monografia ou dissertação deverá estar vinculado prioritariamente aos produtos e metas da unidade à qual o servidor estiver lotado, ou aos objetivos da SEFAZ.

Parágrafo Único – É obrigatório o encaminhamento à CRH e à Escola Fazendária de uma cópia da monografia, em meio físico e em arquivo digital, conforme padrões estabelecidos pela instituição executora do curso, assegurando-se ao Servidor/Autor os direitos autorais da mesma.

Art. 9º Somente poderão ser contratados cursos de pós-graduação promovidos por instituições reconhecidas pelo Ministério da Educação (CAPES).

Art. 10 A SEFAZ definirá anualmente a quantidade e a natureza de vagas que deverão ser adquiridas em cursos externos (compras de vagas) a serem distribuídas por áreas por áreas, segundo critérios de necessidade e adequação do curso).

Parágrafo 1º A solicitação para a aquisição de vagas a serem adquiridas anualmente será enviada à CRH por cada Subsecretaria até o final de junho do ano anterior, com a finalidade de inclusão no orçamento da SEFAZ.

Parágrafo 2º Com base nas solicitações das Subsecretarias e nos levantamentos de necessidade realizados no âmbito da SEFAZ, cabe a CRH encaminhar até o final de Outubro de cada ano, o Plano Anual de Capacitação e Treinamento da SEFAZ, bem como até o final do mês de fevereiro de cada ano, o Relatório Anual de Atividades de Capacitação e Treinamento da SEFAZ.

Parágrafo 3º Excepcionalmente, para vagas a serem concedidas em 2011, a solicitação de que trata o § 1º deste Artigo poderá ser encaminhada à CRH até o dia 30 de janeiro de 2011, que terá que apresentar o Plano Anual de Capacitação e Treinamento até o final de Março de2011.

Art. 11 A participação em eventos de Treinamento e Desenvolvimento (Workshops, Seminários, Congressos e similares), dentro e fora do Estado, obedecerá aos seguintes critérios, considerando ainda aqueles estabelecidos por Lei.

I – as vagas compradas em eventos de Treinamento e Desenvolvimento custeados pela SEFAZ somente poderão ser ofertadas e usufruídas por servidores fazendários efetivos, comissionados e à disposição em serviço na SEFAZ;

II – na análise da demanda de compra de vagas será exigida a pertinência e relevância do evento ao negócio da unidade requisitante;

III – as compras de vagas deverão ser preferencialmente utilizadas pelos instrutores internos ou servidores com esse perfil, visando à multiplicação dos conhecimentos adquiridos às partes interessadas;

IV – será observado o limite máximo de participação do servidor em 2 (dois) eventos de Treinamento e Desenvolvimento fora do estado ao ano, à exceção dos instrutores internos;

V – para os eventos fora do estado, serão admitidos no máximo 2 (dois) participantes por Superintendência, Inspetoria, Coordenadoria, Assessoria e Diretoria, observando-se o limite máximo de 1 (um) participante por área, nos casos em que o tema envolva processos que permeiam mais de uma unidade.

Parágrafo único: Para participar de um evento de Treinamento e Desenvolvimento custeado pela SEFAZ o Servidor deverá ter sua solicitação aprovada pelos seus superiores imediatos, até o nível de sua Subsecretaria, que em caso de concordância deve encaminhar a CRH que emitirá seu parecer para decisão final do Secretário de Fazenda.

Art.12º A participação de servidores fazendários em eventos de Treinamento e Desenvolvimento realizados no exterior dependerá de autorização do Governador do Estado, após encaminhamento do Secretário de Estado de Fazenda, sendo aplicável somente quando demonstrada extrema relevância do evento para os resultados da organização.

Art.13º A participação de servidores fazendários em eventos de Treinamento e Desenvolvimento, como workshops, seminários, congressos e afins deverá obedecer aos seguintes critérios:

I – não ter punições administrativas disciplinares nos últimos 02 (dois) anos;

II – o limite anual máximo de eventos será de 02 (dois) por subsecretaria;

III – o tema central do evento deverá ter total consonância com as atividades prestadas pelo Servidor na SEFAZ.

IV – após a conclusão do evento, custeado pela SEFAZ, o servidor deverá:

a) apresentar relatório da participação, com descrição dos temas abordados e sua possível aplicação prática dos mesmos nas suas atividades;

b) depositar todo o material do evento na Escola Fazendária/Espaço do Conhecimento, podendo, entretanto, fazer cópia desse material;

c) preencher um relatório de avaliação do evento, que possa auxiliar na análise de outras solicitações similares; e

d) se for de interesse da CRH ou da chefia imediata, organizar seminário interno para os demais servidores da unidade a que pertence.

V – após a conclusão do evento e cumpridas às obrigações contidas neste Regulamento, o servidor poderá participar de outro desde que respeitado o prazo mínimo de seis meses;

Parágrafo único – excepcionalmente, no estrito interesse da administração pública, poderá ser autorizada pelo Secretário de Estado de Fazenda a participação de servidores que não cumpram todos os critérios acima em seminários, congressos ou workshops.

DISPOSIÇÕES FINAIS

Art. 14º O Plano Anual de Capacitação e Treinamento da SEFAZ deve se adequar aos objetivos estratégicos da organização.

Art. 15º Os cursos fechados, seminários e palestras internas serão divulgados com a antecedência necessária, contendo o conteúdo, público a que se destina, carga horária, instrutores, forma de inscrição, critérios de seleção, prazos, além de outras informações que se julgar necessárias.

Art. 16º No caso de cursos de especialização, mestrados e eventos de Treinamento e Desenvolvimento a serem custeados pelo Servidor, sem nenhum ônus à SEFAZ, quando realizados em seus horários de trabalho, será necessária uma autorização prévia de suas chefias imediatas, até o nível de sua Subsecretaria, que solicitará o pronunciamento da CRH, para então decidir sobre a autorização de "abono" das faltas decorrentes dos mesmos;

Art. 17º Todo Servidor que participar de cursos ou eventos de Treinamento e Desenvolvimento de qualquer espécie (inclusive os tratados no art. 16º acima), tem ciência de que, a critério da SEFAZ, poderá participar do projeto de disseminização interna, pelo qual, deverá transmitir os conhecimentos adquiridos nos mesmos, segundo os seguintes critérios:

I – Em caso de Workshops, Seminários e ou Congressos, disseminar o conhecimento adquirido através de uma palestra na sua área de atuação;

II – Em caso de curso de especialização, através de um curso de uma a duas semanas de duração, para outros servidores para quem o conhecimento adquirido possa ser disseminado;

III – Em caso de Mestrado, através de um curso de até 3 (três) meses de duração sobre a aplicação do conteúdo e das metodologias de analise aprendidas no mestrado aos processos da SEFAZ.

Art.18º Os servidores que, sem justificativa legal, deixarem de comparecer a eventos de Treinamento em Geral que demandem compras de vagas ou cursos fechados, ficarão impedidos de participar de outros eventos dessa natureza pelo prazo um ano a partir da ocorrência, sem prejuízo de possíveis penalidades previstas na legislação em vigor.

Parágrafo único: Consideram-se faltas justificáveis aquelas em que o servidor esteja impedido de freqüentar o curso por motivo de doença ou em viagem a serviço do Estado do Rio de Janeiro, ou ainda aquelas permitidas por lei, devendo ser requerido abono justificado de falta ao Secretário de Fazenda.

Art. 19º A participação do Servidor em todo e qualquer curso de Especialização Complementar custeado pela SEFAZ-RJ, no todo ou em parte, deverá ser condicionada à assinatura do Termo de Compromisso.

Art. 20º Os casos omissos serão apreciados e pela CRH, ouvido(s) o(s) interessado(s) e o responsável pela Unidade solicitante e decididos pelo Sr. Secretário de Estado de Fazenda do Estado do Rio de Janeiro.

Art. 21º Esta Resolução entra em vigor na data de sua publicação.

Rio de Janeiro, 03 de janeiro de 2011

2. RESOLUÇÃO SEFAZ Nº 606, DE 07 DE MARÇO DE 2013

REGULAMENTA A PARTICIPAÇÃO DE SERVIDORES
DA SECRETARIA DE FAZENDA DO ESTADO DO RIO DE JANEIRO EM SEMINÁRIO, CONGRESSOS E SIMILARES.

O SECRETÁRIO DE ESTADO DE FAZENDA, no uso de suas atribuições legais, observados os dispositivos legais, e tendo em vista o que consta no processo administrativo nº E-04/065/1/2013,

RESOLVE:

Art. 1º A participação de servidores que componham os quadros da SEFAZ-RJ, em atividades denominadas workshops, seminários, congressos e similares, terá como contrapartida a apresentação de um relatório detalhado dos assuntos tratados e desenvolvidos no evento, conforme modelos, que deverá ser entregue a SEFAZ-RJ, aos cuidados da Direção da Escola Fazendária, no prazo de até 10 (dez) dias úteis de seu retorno, para que faça parte do Banco de Conhecimentos da SEFAZ.

Parágrafo Único – A obrigatoriedade de que trata o caput deste artigo é adicional àquela regulamentada no art. 17, item I, da Resolução nº 362, de 03 de janeiro de 2011.

Art. 2º Caso a regra contida no art. 1º desta Resolução não seja cumprida no prazo determinado, o servidor será impedido de participar de qualquer outro workshop, seminário, congresso e similares pelo período de 01 (um) ano, contados a partir da data em que a regra acima estabelecida for cumprida, salvo necessidade de serviço apontada pelo Senhor Secretário de Estado de Fazenda do Estado do Rio de Janeiro.

Art. 3º Os casos omissos serão apreciados pela CRH, ouvido(s) o(s) interessado(s) e o responsável pela Unidade solicitante e decididos pelo Senhor Secretário de Estado de

Fazenda do Estado do Rio de Janeiro.

Art. 4º Esta Resolução entrará em vigor na data de sua publicação.

Rio de Janeiro, 07 de março de 2013

3. RESOLUÇÃO SEFAZ Nº 785, DE 27 DE AGOSTO DE 2014

DISCIPLINA E REGULAMENTA A PARTICIPAÇÃO DE SERVIDORES DA ADMINISTRAÇÃO EM CURSOS DE MESTRADO E DOUTORADO E DÁ OUTRAS PROVIDÊNCIAS.

O SECRETÁRIO DE ESTADO DE FAZENDA, no uso de suas atribuições legais, observados os dispositivos legais e, tendo em vista o que consta no Processo Administrativo n° E-04/055/1135/2014,

RESOLVE:

Art. 1º A participação em cursos de mestrado ou doutorado que visem à formação e desenvolvimento continuado, obedecerão às diretrizes e aos critérios desta Resolução, sem prejuízo da legislação aplicável à espécie e em especial:

I – compatibilidade do evento com o Plano Anual de capacitação e Treinamento da Secretaria Estadual de Fazenda do Rio de Janeiro – SEFAZ e com os interesses da administração fazendária, bem como com a formação técnico-profissional do servidor pretendente ou da função que ocupa;

II – prioridade de participação em eventos que constituam agregação de novos conhecimentos, mediante temáticas inovadoras para o próprio pretendente, sem prejuízo para a participação em eventos de atualização ou reciclagem;

III – sistema de patrocínio pela SEFAZ através de coparticipação, com adoção de reembolso de até 80% (oitenta por cento) do valor do curso aprovado.

Parágrafo Único – Inclui-se nesta resolução o mestrado profissional, regulamentado pelo Ministério da Educação através da Portaria Normativa nº 17 de 28 de dezembro de 2009;

Art. 2º A participação nos cursos de mestrado e doutorado, assim considerados aqueles com carga horária mínima de 360 (trezentos e sessenta) horas e reconhecidos pelo MEC, dos servidores efetivos da Secretaria de Estado de Fazenda do Rio de Janeiro – SEFAZ, será definida mediante processo seletivo, observando os seguintes requisitos:

I – trabalhar em área correlata ao curso do qual pretende participar;

II – ser indicado pela unidade gerencial e referendado pelo Subsecretário a que estiver subordinado;

III – não ter registrado evasão ou abandono em eventos e/ou cursos anteriormente custeados pela SEFAZ;

IV – propor tema de dissertação ou tese que contemple uma das áreas de interesse da SEFAZ;

V – ter cumprido interstício mínimo de 1 (um) ano desde o retorno ao exercício efetivo de sua função, ou de seu ingresso na SEFAZ, para mestrado e 02 (dois) anos para doutorado.

Art. 3º Os cursos de mestrado e doutorado ofertados através de compra de vagas atenderão exclusivamente demandas específicas e imprescindíveis à consecução de objetivos estratégicos e que não possam ser ministrados através de cursos de média duração.

§ 1º As compras de vagas de que trata o caput serão limitadas e compatíveis com disponibilidade orçamentária do ano.

§ 2º As vagas serão preenchidas de acordo com processo seletivo conduzido pela Coordenação de Recursos Humanos e dependerão de autorização do Secretário de Estado de Fazenda.

Art. 4º A participação dos servidores, nos cursos de mestrado e doutorado, com participação financeira da SEFAZ, será autorizada somente se cumpridos os critérios abaixo, além dos previstos nesta Resolução:

I – ser servidor efetivo de um dos cargos de carreira da SEFAZ;

II – não ter punições administrativas disciplinares nos últimos 2 (dois) anos;

III – não ser simultânea com outros cursos de especialização, mestrado ou doutorado;

IV – não ter tido financiamento anterior a 1 (uma) especialização e 1 (um) mestrado, ou de 1 (um) doutorado;

V – não ter concluído curso de pós-graduação, custeado pela SEFAZ, em prazo inferior a 2 (dois) anos, no caso de curso de mestrado e doutorado inferior a 4 (quatro) anos;

Parágrafo Único – Excepcionalmente, no estrito interesse da administração pública, poderá ser autorizada pelo Secretário de Estado de Fazenda a participação de servidores que não cumpram todos os critérios acima em cursos custeados pela SEFAZ.

Art. 5º Em caso de haver coincidência entre o horário de aulas e atividades do curso de mestrado ou doutorado poderá ser autorizado pelo Senhor Secretário de Estado de Fazenda, a liberação da marcação da frequência diária, que deverá ser substituída por uma "declaração de frequência", emitida em periodicidade mensal pela instituição de ensino;

Parágrafo Único – A liberação da marcação diária de frequência poderá ser parcial ou total e deve ser requerida no processo administrativo competente, com o ciente e de acordo da chefia imediata e do Subsecretário quando da solicitação de participação do mestrado ou do doutorado.

Art. 6º É devido ressarcimento integral à SEFAZ das despesas com mestrado ou doutorado por ela assumidas:

I – do servidor que, após o retorno ao exercício efetivo de sua função, solicitar afastamento para trato de interesse particular ou equivalente dentro de 02 (dois) anos;

II – do servidor que pedir demissão ou for demitido nos 24 meses seguintes ao seu retorno ao exercício efetivo de sua função, se mestrado e 48 meses se doutorado;

III – do servidor que não obtiver o título de mestre ou de doutor a que se propôs; e,

IV – do servidor que não apresentar dissertação ou tese com tema em uma área específica de atuação da SEFAZ;

§ 1º Em caso de servidor que tenha sido beneficiado com a liberação total ou parcial de marcação de frequência para realização do mestrado ou doutorado e que venha a incorrer em alguma das hipóteses dos incisos I a IV, será acrescido ao ressarcimento das despesas os valores de sua remuneração no período do curso, de forma proporcional a citada liberação.

§ 2º O ressarcimento previsto neste artigo obedecerá ao disposto no art. 148 do Decreto nº 2.479, de 08 de março de 1979.

Art. 7º O superior hierárquico indicará ao Subsecretário responsável pela área, os nomes dos servidores efetivos para participação em curso de mestrado e doutorado demandado pela Unidade, que deverão fazer parte do processo seletivo, realizado pela SEFAZ ou instituição de ensino superior, ouvida a Coordenação de Recursos Humanos.

§ 1º Após o parecer da Coordenação de Recursos Humanos e a aprovação do Subsecretário responsável, a solicitação será levada a aprovação do Senhor Secretário de Estado de Fazenda.

§ 2º No caso de áreas de subordinação direta ao Secretário que não tenham o status de Subsecretaria, a aprovação prévia a do Secretário será a do gestor da área.

Art. 8º O tema da monografia deverá estar vinculado prioritariamente aos produtos e metas da unidade à qual o servidor estiver lotado, ou aos objetivos da SEFAZ.

Parágrafo Único – É obrigatório o encaminhamento à Coordenação de Recursos Humanos e à Escola Fazendária de uma cópia da monografia, em meio físico e em arquivo digital, conforme padrões estabelecidos pela instituição executora do curso, assegurando-se ao Servidor/Autor os direitos autorais da mesma.

Art. 9º Somente poderá ser autorizada a participação em cursos de mestrado e doutorado promovidos por instituições reconhecidas pelo Ministério da Educação (CAPES).

Art. 10 O sistema de coparticipação a ser utilizado será o de reembolso parcial de despesas, a ser realizado nos autos do processo autorizativo, com a juntada de requerimento de reembolso, com a comprovação do pagamento efetivo da parcela reembolsável, prova de presença em mais de 75 % (setenta e cinco por cento) das atividades curriculares e juntada do recibo de pagamento.

§ 1º a solicitação deverá ser protocolizada na Coordenação de Recursos Humanos, que deverá colher as aprovações necessárias e encaminhar para pagamento ao DGAF.

§ 2º os recursos para a realização dos pagamentos deverão ser oriundos do Fundo de Administração Fazendária - FAF.

Art. 11 Serão admitidos a pleitear a inclusão no sistema de coparticipação previsto no inciso III artigo 1º, os servidores que já tenham solicitado participação nos cursos de mestrado e doutorado, ainda que anteriormente à publicação do presente regulamento, por meio de processo administrativo já aprovado pela Chefia Imediata e pela Coordenadoria de Recursos Humanos, desde que atendam a todas as exigências da presente Resolução.

Parágrafo Único - A coparticipação da SEFAZ se dará a partir da data de publicação da presente Resolução no Diário Oficial do Estado do Rio de Janeiro.

Art. 12 No caso de cursos de mestrado e doutorado custeados pelo Servidor, sem nenhum ônus à SEFAZ, quando realizados em seus horários de trabalho, será necessária uma autorização prévia de suas chefias imediatas, até o nível de sua Subsecretaria, que solicitará o pronunciamento do CRH, para então decidir sobre a autorização de "abono" das faltas decorrentes dos mesmos.

Art. 13 Todo servidor que participar de cursos de mestrado e/ou doutorado inclusive os tratados no artigo 11, poderá ser convocado, a critério da SEFAZ, a participar do projeto de disseminação interna, pelo qual, deverá transmitir os conhecimentos adquiridos nos mesmos, através de um curso de até 3 (três) meses de duração sobre a aplicação do conteúdo e das metodologias de análise apreendidas no mestrado ou doutorado aos processos da SEFAZ.

Art. 14 O sistema de patrocínio regulamentado pela presente Resolução não será cumulativo com quaisquer outros benefícios destinados ao aperfeiçoamento profissional do servidor.

Art. 15 Aplica-se a presente, todas as regras e determinações da Resolução 362, de janeiro de 2011, inclusive quanto à assinatura do Termo de Compromisso, anexo aquele diploma.

Art. 16 Os casos omissos serão apreciados pela Coordenação de Recursos Humanos, ouvidos os interessados e o responsável pela unidade solicitante e decididos pelo Senhor

Secretário de Estado de Fazenda do Estado do Rio de Janeiro.

Art. 17 Esta Resolução entra em vigor na data de sua publicação.

Rio de Janeiro, 27 de agosto de 2014.

4. DECRETO E RESOLUÇÃO QUE REGULAMENTA O INSTITUTO DA INSTRUTORIA INTERNA REMUNERADA NO SEFAZ-RJ

DECRETO Nº 44.114, DE 13 DE MARÇO DE 2013

Disciplina as atividades temporárias de instrutoria interna em ações de capacitação no âmbito da Administração Fazendária, e dá outras Providências.

O GOVERNADOR DO ESTADO DO RIO DE JANEIRO, no uso das atribuições legais, tendo em vista o que consta do Processo nº E-04/007480/2012,

CONSIDERANDO:

- que a realização das ações consubstanciadas nos eventos de capacitação de servidores fazendários tem por objetivo a atualização, o aperfeiçoamento, o nivelamento e a formação profissional;

- a necessidade de legitimar a atuação e o reconhecimento dos que exercitam ou venham exercitar a atividade de ensino na SEFAZ;

- que o devido reconhecimento estimula e valoriza os talentos e os conhecimentos técnicos de servidores da SEFAZ, com vistas ao exercício da docência;

- que a Secretaria de Estado de Fazenda – SEFAZ tem disciplinado a realização de eventos oficiais de capacitação no âmbito da Escola Fazendária, instituída pelo Decreto Nº 40.613, de 15 de fevereiro de 2007; e

- a Gratificação de Atividade Temporária de Auxiliar ou Professor de Curso Oficialmente Instituído, prevista no Decreto n° 2.479, de 08 de março de 1979.

DECRETA:

Art. 1º Ficam instituídas:

I – a atividade temporária de instrutoria interna, no âmbito da Secretaria de Estado de

Fazenda – SEFAZ;

II – a Gratificação de Atividade Temporária de Auxiliar ou Professor de Curso Oficialmente Instituído (GATAP).

Capítulo I

Da Instrutoria Interna

Art. 2º Considera-se como instrutoria interna o exercício temporário da função de professor desempenhada por servidores da Secretaria de Estado da Fazenda, em eventos relacionados com o treinamento, a capacitação e o aperfeiçoamento de recursos humanos da SEFAZ, sem prejuízo do exercício das atividades normais do cargo ou função de que for titular. Art. 3º O processo de habilitação dos instrutores compreenderá as seguintes etapas:

I – Divulgação das disciplinas a serem ministradas;

II – Recebimento de inscrições;

III – Seleção de candidatos; e

IV – Cadastramento dos instrutores selecionados.

Parágrafo único. Excepcionalmente, quando o candidato a instrutor tiver singular

proficiência em área do conhecimento e/ou disciplina, o Secretário de Estado de Fazenda poderá, discricionariamente, afastar os procedimentos previstos nos incisos do caput, para determinar sua habilitação.

Seção I

Da Inscrição, Seleção e Cadastramento

Art. 4º Podem inscrever-se como candidatos a Instrutores Internos da SEFAZ os servidores efetivos em exercício na Secretaria.

Parágrafo único. Os critérios de seleção do candidato a instrutor interno serão definidos pelo órgão gestor da Escola Fazendária do Estado do Rio de Janeiro – EFAZ RJ, considerando a área de conhecimento, formação acadêmica, experiência como instrutor na matéria ou objeto de treinamento, seu desempenho profissional, a disponibilidade do servidor, e, caso aplicável, a avaliação de desempenho em disciplinas anteriormente ministradas.

Art. 5º O candidato a instrutor interno selecionado será cadastrado pela Escola Fazendária EFAZ RJ, para as áreas em que comprovadamente possua escolaridade, especialização e experiência profissional, compatíveis.

Art. 6º Não poderá exercer a atividade de instrutor interno o servidor que estiver afastado do serviço por motivo de férias, licença prêmio, licença para tratamento médico, respondendo a processo disciplinar ou outro motivo previsto em lei.

Art. 7º Será excluído do cadastro de instrutores internos o servidor que:

I – sofrer penalidade disciplinar de suspensão;

II – obtiver avaliação insuficiente;

III – apresentar documentação comprobatória falsa.

Seção II

Da Vantagem Pecuniária aos Instrutores Internos

Art. 8º É devida ao servidor a vantagem pecuniária denominada Gratificação de Atividade Temporária de Auxiliar ou Professor de Curso Oficialmente Instituído (GATAP), pelo exercício de atividades eventuais como professor em curso ou outras atividades de capacitação oficialmente constituídas, na modalidade presencial, que será calculada de acordo com a Tabela constante do Anexo que integra este decreto.

§ 1º A GATAP será atribuída levando-se em conta a formação dos instrutores e a complexidade do evento de capacitação e treinamento.

§ 2º A GATAP será calculada levando-se em conta o total da carga horária ministrada.

§ 3º Para efeito de cálculo da gratificação consideram-se como hora-aula sessenta minutos de efetivo exercício da docência.

§ 4º O valor da hora-aula já contempla as atividades de planejamento do curso e de preparação do material didático a ser utilizado, e caso aplicável, a avaliação dos participantes e correção de atividades eventualmente surgidas ao longo do evento.

§ 5º O servidor de que trata o caput fará jus ao valor integral da hora-aula quando a ação de capacitação se realizar fora do horário do expediente de trabalho, ou a 60% (sessenta por cento) do valor da hora-aula quando a ação de capacitação ocorrer em horário de expediente.

§ 6º O servidor que possuir experiência comprovada e reconhecida pela SEFAZ, poderá candidatar-se a instrutor interno, a critério do Secretário de Estado de Fazenda, cumpridos os procedimentos do art. 3º.

§ 7º Na hipótese do § 6º, a gratificação máxima paga ao servidor será aquela prevista para instrutores que detêm diploma de graduação, conforme o estabelecido no Anexo deste decreto.

Art. 9º As atividades de instrutoria gratificadas não poderão exceder 180 (cento e oitenta) horas anuais.

Parágrafo único – As atividades referidas no caput deste artigo deverão obedecer, ainda, ao limite mensal de 32 horas (trinta e duas horas), salvo quando a matéria requerer maior carga horária e especial continuidade de sua exposição.

Art. 10 A retribuição pecuniária por atividade de instrutoria interna não será, em hipótese alguma, incorporada aos vencimentos e à remuneração do servidor, nem servirá de base de cálculo de qualquer outra vantagem.

Art. 11 Não será remunerado o servidor:

I – cuja atividade de instrutoria seja própria das atribuições legais do cargo que ocupe;

II – quando atuar como palestrante em seminários, congressos, fóruns, palestras e simpósios promovidos pelos órgãos competentes da EFAZ;

III – quando participar de eventos de divulgação das atividades do órgão de lotação;

IV – quando atuar em treinamento em serviço, visando à capacitação do servidor na própria rotina de trabalho, sob a orientação de técnico especializado, da chefia imediata ou dos demais servidores lotados na unidade, para aprimoramento dos conhecimentos do servidor ou absorção de conhecimentos em nova área.

Capítulo II

Das Competências

Seção I

Dos Instrutores

Art. 12 Compete aos instrutores internos da SEFAZ:

I – apresentar proposta de Plano de Aula a ser ministrado, compreendendo:

a) conteúdo programático, cronograma de execução e metodologia de ensino;

b) carga horária total;

c) número máximo de participantes por turma;

d) critérios e instrumentos para avaliação de aprendizagem; e) bibliografia adotada e sugerida.

II – planejar as aulas;

III – preparar o material didático ou, se for o caso, apresentá-lo à EFAZ-RJ, para confecção, com antecedência mínima de 6 (seis) dias úteis;

IV – proceder à avaliação de aprendizagem;

§ 1º A proposta do programa de que trata o inciso I deve ser elaborada sob orientação das áreas técnicas da SEFAZ.

§ 2º Quando a instrutoria ocorrer no horário de trabalho, deverá ser apresentada à EFAZ autorização formal do titular do órgão de lotação do servidor instrutor.

Seção II

Da Escola Fazendária

Art. 13 Compete à SEFAZ, através da Escola Fazendária:

I – selecionar os instrutores internos para atuar em eventos de capacitação, observando os critérios estabelecidos pelo seu órgão gestor;

II – cadastrar os instrutores internos e externos selecionados e atualizar as informações a eles referentes;

III – proporcionar aos instrutores internos, quando necessário, capacitação para o desenvolvimento das atividades didático pedagógicas;

IV – comunicar, formalmente, à chefia imediata do instrutor interno, a realização de treinamento, no prazo mínimo de 15 (quinze) dias antes da data prevista para início do evento;

V – participar da elaboração das propostas apresentadas pelos instrutores para os programas de capacitação com o objetivo de adequá-las às necessidades da SEFAZ;

VI – dar início aos procedimentos para pagamento da GATAP e atestar a realização das horas-aula do instrutor para os fins de trata o art. 8°.

Capítulo II

Das Disposições Gerais

Art. 14 A Coordenação de Recursos Humanos e Desenvolvimento de Talentos - CRH e a EFAZ-RJ poderão editar atos próprios com vistas à organização e ao funcionamento das atividades de instrutoria interna nos eventos de capacitação e treinamento.

Art. 15 As despesas com a instrutoria interna correrão por conta das dotações orçamentárias do Fundo de Administração Financeira – FAF, na forma da Lei Complementar nº 134, de 29 de dezembro de 2009, e obedecerá, ainda, às normas que disciplinam os procedimentos para execução da despesa pública estadual.

Art. 16 O Secretário de Estado de Fazenda disciplinará em ato próprio os procedimentos necessários à aplicação do presente decreto.

Art. 17 Este decreto entrará em vigor na data de sua publicação, revogadas as disposições em contrário.

Rio de Janeiro, 13 de março de 2013

PROJETOS BÁSICOS (TERMOS DE REFERÊNCIA)

1. Projeto de Gestão de Mudanças elaborado para suportar a mudança de endereço da SEFAZ e as alterações culturais e comportamentais envolvidas na mesma:

A necessidade de prever situações de stress e de choque cultural, oriundos de Mudanças, sejam elas físicas (locais de trabalho, hardware, etc.), sistemas (softwares e similares) e culturas (fusões, aquisições), demandam a necessidade de um trabalho, com aplicação de técnicas de Gestão de Mudanças.

A Gestão de Mudanças (Change Management) é um termo presente nas práticas ITIL utilizado por várias empresas hoje em dia. Dita os padrões para se realizar uma mudança, desde seu planejamento até os resultados obtidos. Se faz necessário descrever o planejamento da atividade, os recursos envolvidos, os custos, os riscos, os benefícios, o procedimento operacional a ser executado, medidas de contorno para falhas, e principalmente, obter a aprovação de um comitê selecionado para a aprovação da mudança. Neste comitê deve estar presente o Changer Management (Responsável por acompanhar e apoiar a mudança), os executores (com instruções técnicas para explicar a mudança), responsável por comunicar os atingidos (deve coletar o maior número de informações possíveis para disseminar os dados da mudança aos usuários). Para determinar o diagnóstico da situação organizacional, deve-se passar por quatro etapas básicas:

1) identificar os problemas internos e externos que de alguma forma afetam a organização e formular as hipóteses;

2) buscar informações sobre os problemas identificados;

3) analisar as informações obtidas;

4) estabelecer conclusões aceitando ou rejeitando as hipóteses formuladas.

Com o diagnóstico da situação definido, inicia-se todo o processo de gestão da mudança, principalmente com ações coletivas e individuais de mudanças culturais.

Este tipo de trabalho envolve a contratação de uma Consultoria Especializada no assunto que terá que gerir as seguintes ações:

1. Planejar a Mudança: Primeiramente define o que será mudado, quando ocorrerá a mudança e como será a mudança: Estas definições são cruciais para o bom desenvolvimento do trabalho;

2. Fazer contato com as pessoas-chave: Pessoas-chave são aquelas que, de uma forma ou de outra, podem ajudar ou influenciar positiva ou negativamente o processo de mudança.

Pessoas-chave são: Sub Secretários, Superintendentes, Coordenadores e Diretores, líderes formais e informais de grupos, especialistas e técnicos de grandes conhecimentos em suas áreas. Estes poderão ajudá-lo ou dinamitar a mudança.

Reuniões prévias individuais com a venda da idéia da mudança. Devem ser colhidas sugestões, envolvendo estes players, tornando-os comprometidos com o projeto.

Conseguir poderosos aliados é fundamental, pois foram consultados previamente, inserindo-se no plano de mudança as sugestões e recomendações dadas por eles.

4. Ouvir e envolver as pessoas: Sempre que possível e desejável, é importante ouvir as pessoas que estarão diretamente envolvidas com as mudanças. São em geral os técnicos, especialistas, pessoal operacional: melhor do que ninguém, eles podem sugerir modificações em rotinas, processos, métodos, além de alertar para dificuldades e problemas, pois vivem essas situações diariamente.

5. Promover reuniões: Definido o plano e ouvidas as pessoas, chegou a hora de promover reuniões com todo o corpo funcional envolvido. Nessas ocasiões deverá ser apresentado o plano definitivo de mudança. O plano de mudança elaborado na sugestão 2 deverá

ser explicado em detalhes à platéia: objetivo da mudança, o que será alterado, quando, onde, custos, quem coordenará e quem será afetado pela mudança.

Podem ser incluídos na apresentação alguns outros itens se julgar necessário, desde que sejam relevantes para a situação. Após a apresentação é importante ter um espaço para esclarecimento de dúvidas e mesmo eventuais sugestões, se elas se mostrarem pertinentes. Todos devem saber que o plano recebeu valiosa contribuição de muitos colegas presentes, que enriqueceram o seu conteúdo. Importante ainda trabalhar o ganho para os Servidores daquela mudança, com exemplos práticos e reais.

6. Implantação: Por ocasião da implantação, devem ser seguidos os passos previstos no plano em todos os seus detalhes. Quanto mais abrangente a mudança, mais complexa e difícil ela se torna. Por isso, se por algum motivo não puder realizá-la de uma só vez, deve ser implantada aos poucos, por área ou serviço. A vantagem é a possibilidade de corrigir falhas antes de efetivar a implantação em outras áreas. A desvantagem é que prolongará por mais tempo o processo de mudança e poderá gerar maior ansiedade e tensão entre os colaboradores.

7. Treinamento: Se promover reuniões é importante para sensibilizar e conscientizar o pessoal da Necessidade da mudança, o treinamento, por outro lado, é um dos fatores-chave de sucesso de toda a operação. Ele é o elo que leva à abertura para um novo comportamento e auxilia decisivamente no alcance dos novos padrões estipulados. Por treinamento não estamos nos referindo aos realizados em sala de aula, mas também a outros tipos igualmente importantes, como treinamento on-the-job (no próprio local de trabalho), estágios, palestras sobre o assunto, leitura de material, reuniões de discussão, enfim, tudo aquilo que possa contribuir de maneira prática e efetiva para a implantação da mudança. É importante ficar atento ao momento do treinamento: alguns talvez tenham de ser feitos antes mesmo da mudança efetivamente iniciar, como o domínio de um novo equipamento ou processo (identificação biométrica) outros depois dela, como o do uso das novas instalações, reforço de conhecimento (know-how) ou reajustes de

objetivos. O treinamento continuado – isto é, antes, durante e após a mudança - é a melhor forma de garantir uma transição eficaz do antigo para o novo.

8. Acompanhamento e orientação: Acompanhamentos constantes e regulares, principalmente no início, permitem identificar sem demora dificuldades e pontos de estrangulamento que venham a ocorrer durante o processo e seus possíveis desvios. Na maioria das vezes, são facilmente corrigíveis, se houver pronta atuação sobre o problema (inclusive com ações corretivas). Importante também é que os gestores da mudança (coordenadores) bem como os técnicos responsáveis por ela estejam acessíveis a qualquer momento para orientar e prestar as informações necessárias.

9. Avaliação: Por avaliar, entendem-se aqui os mecanismos de controle que permitem analisar os resultados alcançados num certo período de tempo. Em se tratando de mudanças, o prazo ideal para estabelecer avaliações é a cada sete ou quinze dias. Caso haja discrepâncias entre o previsto no plano e o efetivamente realizado, a avaliação deverá mostrar isso, fornecendo subsídios que permitam redirecionar ações ou atuar mais enfaticamente em determinados setores buscando corrigir o erro.

10. Estar atento às resistências: Tanto chefes de qualquer nível hierárquico como os demais funcionários podem resistir, abertamente ou não, às mudanças. Existem muitas causas, porém todas, ou quase todas são de origem psicológica. As principais causas são:

a. Insegurança. É o medo da mudança. Ou seja, o colaborador tem receio de mudar do que ele já conhece, para o novo e diferente, que poderá ameaçar o espaço que ele já conquistou.

b. Desconforto e tensão. Ainda que a pessoa esteja devidamente treinada para a mudança, no início – e durante certo tempo – ela poderá sentir algum desconforto, pois a novidade ainda não se incorporou ao seu pensamento e modo de agir, podendo isso ocasionar um comportamento de tensão e nervosismo.

c. Bloqueio. Não estamos nos referindo ao bloqueio consciente e premeditado, como boicote, sabotagem ou operação tartaruga, onde a intenção é prejudicar ou mesmo invalidar uma mudança. Este, aliás, é um risco passível de ocorrer, se a mudança for mal planejada ou mal implantada. Neste caso deverão ser adotadas as medidas disciplinares cabíveis ao fato. Mas aqui, especificamente, falamos do bloqueio psicológico. Ocorre quando as pessoas que sofrerão a mudança não conseguem assimilar e acompanhar a nova situação devido ao medo e tensão, mesmo que estejam empenhadas e convencidas da necessidade da modificação.

Mudanças podem gerar atritos, insatisfações profundas e desmotivação. A forma de contornar essas resistências é seguir as sugestões previamente citadas.

11. Cobrança das mudanças: A ausência da atitude de cobrança é responsável por muitos fracassos em gestão de mudanças. Realizam-se, muitas vezes, todos os passos sequenciais, adotam-se as técnicas certas, mas, na hora de cobrar, isto é, de agir com espírito de firmeza e perseverança – além de lembrar aos envolvidos o seu comprometimento com as mudanças propostas –, tudo isso é esquecido e o entusiasmo inicial dá lugar, aos poucos, ao esmorecimento e à falta de convicção. Todos deverão estar continuamente imbuídos do espírito de mudança e cobrar, de si mesmos, os resultados. A mudança deve ser democrática na decisão, mas autocrática na fase de implantação.

O Projeto

Com base em todo o exposto, o projeto prevê a contratação de Consultoria especializada e com experiência em Gestão de Mudanças, para em conjunto com os órgãos da SEFAZ, mais especificamente com a Chefia de Gabinete, Recursos Humanos e DGAF, desenvolver um trabalho de G.M. visando à ocupação da nova sede da SEFAZ. Este trabalho seria dividido em 3 fases distintas:

1. Fase preliminar:

- Elaboração e aplicação de uma pesquisa de clima voltado sobre as expectativas da mudança;

- Elaboração de um draft do Planejamento da mudança como um todo; Inclusive das ações de endomarketing;

- Contato com as pessoas chaves;
- Ouvir e envolver as pessoas;
- Assessoria na elaboração de um Manual de Utilização das novas instalações;

2. Fase Operacional:

- Promover as reuniões de convencimento e envolvimento;
- Auxilio na Implantação da Mudança;
- Treinamento pós-mudança;
- Acompanhamento e orientação

3. Fase Final:

- Avaliação;
- Identificação das Resistências com propostas sobre as mesmas;

2. AQUISIÇÃO DE 100 LICENÇAS DA FERRAMENTA DISC E-TALENT, AQUISIÇÃO POR DEMANDA, PARA COMPLEMENTAÇÃO DO TRABALHO DE MAPEAMENTO DE PERFIS DOS SERVIDORES DA SEFAZ RJ.

I – OBJETO

Aquisição de 100 (cem) licenças, para uso imediato, da ferramenta DISC E TALENT, destinadas a complementação do Programa de Desenvolvimento dos Servidores da Fazenda e contratação da empresa fornecedora da Licença, para aquisição por demanda da ferramenta e seus acessórios, pelo período de 2 (dois) anos em continuidade ao projeto iniciado em 2009.

II – JUSTIFICATIVA

As ações solicitadas integram o Programa de Desenvolvimento dos Recursos Humanos e é a continuação do Programa de Desenvolvimento dos Servidores Fazendários previsto no Plano de Metas da Coordenação de Recursos Humanos e Desenvolvimento de Talentos. O Programa de Desenvolvimento dos Servidores Fazendários, ora em curso na SEFAZ (Secretaria de Estado de Fazenda do Rio de Janeiro), tem como um de seus principais objetivos o levantamento dos Perfis Comportamentais de todos os ocupantes das funções da SEFAZ, de forma que possa ser utilizado como ferramenta de apoio a decisões de remoção e promoção daqueles servidores.

Com a perspectiva da realização de novos concursos, estamos solicitando a possibilidade de contratar a aquisição da ferramenta por demanda, no decorrer de 02 (dois) anos.

III – PÚBLICO-ALVO E PERÍODO

- Público-Alvo: Servidores Fazendários ainda não avaliados.

- Período: de 01 de dezembro de 2012 a 30 de novembro de 2014.

IV – PRODUTOS E PRAZOS

Produto: Fornecimento de 100 (cem) licenças de uso da ferramenta disponibilizada através do site da fornecedora em ambiente on-line e on-time;

Prazo: 24 horas após a contratação

Disponibilização de utilização do sistema por demanda após a utilização das licenças adquiridas para uso imediato, pelo período de um ano, a partir da avaliação de número 101 (cento e um), com faturamento mensal, com base no preço a ser definido na proposta inicial, sem reajustes;

V – OBRIGAÇÃO DA CONTRATADA

a. Liberação imediata das 100 (cem) licenças de uso da ferramenta;

b. Disponibilizar a ferramenta pelo período de 2 (dois) anos, com faturamento por demanda após a utilização da avaliação de número 101 (cento e um);

c. Liberar o uso ilimitado e sem custo do Gerenciador de Cargos com acesso a 240 perfis de cargos benchmark;

d. Liberar o uso ilimitado e sem custo do construtor de cargos, possibilitando a SEFAZ criar seus próprios cargos, garantindo a correta definição da função;

e. Liberar o uso ilimitado da correlação pessoa versus cargo e cargo versus pessoa e triagens, através do sistema via WEB;

f. Dar suporte operacional na WEB através de FAQ e atendimento telefônico específico;

VI – OBRIGAÇÕES DA CONTRATANTE

a. Indicar um responsável da SEFAZ para atuar como interface com a Consultoria;

b. Validar as etapas concluídas e entregues pela Consultoria.